부자 경매의 시작

알기 쉬운 특수 경매

★ 부자 경매의 시작 ★

알기 쉬운 특수 경매

김인성 지음

매일경제신문사

프롤로그

경매는 왜 하는가?

첫 번째로 꼽으라면 당연히 돈을 벌기 위해 한다. 그러나 '구슬이 서 말이라도 꿰어야 보배지' 낙찰을 받아야 돈을 벌든지 잃든지 하지, 꿰지도 않고 뭘 바란다는 것은 있을 수 없는 일이다. 다른 사람이 비싸게 낙찰받으면 탓이나 하고 때로는 부러워하기도 하고, 경매 지식이 많다고 자랑이나 하고, 이것은 아무 소용이 없다. '무식이 사촌보다 낫다'라는 말이 있듯이, 경매를 잘 몰라도 경매할 수 있다. 그러다 낙찰받으면, 그 순간 고수가 되고 부동산은 비싸면 비싼 대로, 싸게 사면 싸게 산대로 돈이 된다.

경매 지식도 많고 권리분석도 잘하고 발바닥이 부르트도록 현장답사도 열심히 하고 수판도 잘 튕겨 수익성 분석도 꼼꼼히 잘해서 입찰하면 뭐 하나! 번번이 패찰하면 경매를 안 하느니만 못하고, 결국은 포기하게 된다. '패찰도 학습이다'라고 말하는 이들도 있지만, 동의할 수 없는 논리다. 수학 공식적 원칙만 앞세워 '경매는 싼 맛에 하지' 하는 경직된 사고에 얽매어 시세차익만 바라고, 안전한 물건만 찾으며 경매 시장의 흐름과 동떨어진 투자를 하며, 허구한 날 패찰만 하면 어찌 되겠는가? 포기할 확률이 그만큼 높아진다. 그것은 학습이 아니라 시간 낭비고 손실이다. 패찰의 경험이 아닌, 낙찰의 경험을 타산지석(他山之石)으로 삼는 연습이 필요하다.

'꿩 잡는 게 매'라는 말이 있다. 공급자 눈높이에서 무협 소설 주인공처럼 무용담을 늘어놓고 흥미 위주로 기술한 책 붙들고 줄 쳐가며 외우고, 여기저기 강의를 쫓아다닌다고 실전에서 그대로 되겠는가! 경매에서 가장 중요하다는 "권리분석도 모르고 배당도 모르면서 어떻게 경매 투자를 할 수 있는가"라고 하는 사람들이 있다. 그렇다, "알아서 남 주나"라는 말이 있듯이 알아서 나쁜 것 없다. 많이 배운다고 나쁜 건 아니다. 배워서 남 주는 건 분명 아니다. 그러나 내가 하고 싶은 말은 공부하는 데 너무 많은 시간을 허비하지 말라는 것이다. 공부 많이 한다고 낙찰 많이 받는 고수가 된다는 법은 없다. 너무 많이 알면 머리가 무거워 쉽게 갈 것도 어렵게 가고, 심사숙고해서 가야 할 것을 소홀히 해서 실수하는 우를 범하게 된다. 그렇게 안 해도 매가 될 수 있다는 말이다.

경매는 낙찰받기 위해서 하지, 연습 삼아 하거나, 공부하기 위해 하거나, 패찰을 전제로 하는 것은 아니다. 그런 생각으로 경매 투자를 한다면 경매를 즐기며 할 수도 없고, 시간 낭비에 돈도 벌 수 없다. 어려운 특수 물건이든 권리분석이 누워서 떡 먹듯 쉬운 물건이든 낙찰받아 수익을 올리는 사람이 고수다. 경매는 일단 낙찰을 받아야 한다. 낙찰을 받아야 돈이 남든 쓰든 한다. 그것이 경매 투자를 하는 1차 목표다.

그렇다면 경매 고수가 되기 위해서, 돈을 벌기 위해서 어떻게 해야 할까? 싸게 낙찰받을 물건과 비싸게 낙찰받아도 되는 물건을 보는 안목이 있어야 한다. 그런 안목을 가지려면 '경매는 싼 맛에 하는 거야' 하는 정석 아닌 정석을 잊어야 한다. 대다수의 사람들이 '그저 싸게 사는 것'만 생각하고 경매에 참여한다. 하지만 경매를 어렵게 만드는 것은 물건을 찾고 권리분석을 하는 과정이 아니라 바로 그런 경직된 사고다. 경매는 그런 경직된 사고를 버리고 시작해야만 낙찰받고 돈을 벌 수 있다.

이 책은 치열하게 공부하는 경매가 아닌, 제공된 물건의 권리분석과 모든 조건을 볼 줄 알고, 읽을 줄 알고, 상식선에서 이해하고, 부동산을 보는 안목을 키우고 평가하고 판단할 줄만 알면 "경매는 할 수 있다"는 데 중점을 두고 객관적 평가의 기준보다는 주관적 가치 평가로의 전환을 강조하고 있다. 그런 생각으로 참여해야 경매를 즐기면서 지속할 수 있고, 지속해야 돈도 벌 수 있다. 바둑의 격언대로 '정석을 알되 잊어버려라'라는 말처럼 책 속의 내용을 줄을 쳐가며 암기하려 애쓸 것 없다. 권리분석을 모르면 모르는 대로, 배당을 모르면 모르는 대로 얼마든지 낙찰받고 돈을 벌 수 있다.

물론 경매의 기초와 기본을 경시하거나 학습을 게을리하자는 이야기는 아니다. 법 규정이나 물건분석, 권리분석 등의 기본적 내용을 많이 알고, 조금 알고의 문제가 아니라, 자신이 어떤 마인드를 가지고 경매에 임하는지가 더 중요하다는 의미다.

아무쪼록 경매에 입문하고자 하는 사람, 그리고 이미 하고 있는 사람이나 포기한 사람 등, 이 책을 접하는 모든 사람들에게 이 책이 조금이라도 도움이 되어 경매를 통해 얻고자 하는 목적이 이루어지기를 진심으로 기원하고 응원을 보낸다.

끝으로 책을 집필하는 데 많은 도움을 주고 긴 시간을 기다리며 출간해준 (주)두드림미디어의 한성주 대표님을 비롯한 출판사 관계자분들께 깊은 감사의 말을 전하며, 아울러 세 권의 책을 끝까지 집필할 수 있도록 관심을 갖고 응원해준 가족, 지인, 동문, 그리고 책의 출간을 기다려준 주변의 많은 투자자분들과 독자분들께 감사함을 전한다.

김인성

차 례

Part 03 법정지상권&관습법상 법정지상권

Part 04 분묘기지권

Part 05 유치권

Part 06 공유지분

Part 07 가등기

Part 08 가처분권리

Part 01

위험한 장사가 남는 장사?

법을 안다는 것은
법대로 안 해도 된다는 것

– 호타고라스의 정리

01 특수 물건이 뭐야?

'특수 물건'이란 일반적인 매매에서나 경·공매에서 대상 부동산 등기부상의 권리나 등기 외적인 권리가 소멸되지 않고 인수해야 하거나 추가적으로 금전적 부담이 상당해 위험성을 내포한 부동산을 말한다.

이렇게 특수 물건이라 분류된 물건이 경매로 나오면 권리의 종류나 위험성의 많고 적음의 차이에 따라 차등은 있지만, 통상 감정가 대비 반의반 토막까지 떨어져 저렴한 입찰가로 진행되어도 상당한 주의를 요하는, 섣불리 낙찰받기가 어려운 물건들이다.

이러한 어려운 물건의 입찰을 하지 않으면 어려워하거나 위험하다고 겁을 낼 것도 없는데, 경매를 하다 보면 견물생심(見

物生心)이라고 돈이 될 만한 싼 물건을 보면 관심이 안 갈 수가 없다. 당연히 관심을 갖고 도전해봐야 한다. 그렇다고 어설픈 권리분석으로 섣부르게 달려들다간 낭패를 본다. 재매각 나온 물건들 중에는 특수 물건을 낙찰받았다 포기해서 나오는 물건이 상당하다는 것을 알아야 한다. 그리고 그 권리의 종류나 권리분석의 방법, 주의해야 할 점 등 전반적인 부분에 대한 충분한 학습이 필요하다.

02 어떤 물건들이 특수 물건인가?

부동산 투자에 관심 있는 사람, 특히 경매에 관심이 있고 실질적으로 참여하고 있다면 특수 물건이 어렵고 위험하다 해서 외면만 해서는 높은 수익을 창출하기 어렵다. 대다수의 많은 사람들이 내 집 마련이나 재테크를 위해서 경매 시장을 두드리는데, 그중 아파트가 압도적이다. 그런데 최근의 경매 시장은 어떠한가! 권리분석이 '누워서 떡 먹기다' 싶은 아파트 낙찰가가 100% 이상 넘어가는 상황이 예사롭게 벌어지고 있다.

경매는 왜 하는가?

첫 번째로 꼽으라면 낙찰받기 위해서 한다. 경매 지식이 많아서 권리분석도 잘하고 발바닥이 부르트도록 현장답사도 열심히 하고 수익성 분석도 꼼꼼히 챙겨보고 입찰을 하면 뭐하나! 번번이 패찰하면 경매를 안 하느니만 못하다. 그러다 결국은 포기하게 된다. '패찰도 학습이다'라고 말하는 이들도 있지만 동의할 수 없는 논리다. 수학 공식적 원칙만 앞세워 시세차익만 바라고, 안전한 물건만 찾으면서 경매 시장의 흐름과 동떨어진 투자를 한다면 포기할 확률이 그만큼 높아진다.

"특수 물건은 경매 고수들이나 하는 거야"라는 말들을 많이 하고 많이 듣는다. 그렇다면 대체 누가 고수일까? 고수가 따로 있나? '꿩 잡는 게 매'라는 말이 있다. 어려운 물건 낙찰받아 고수익을 올리는 사람이 고수다. 고수가 따로 있는 게 아니란 말이다. '구슬이 서 말이라도 꿰어야 보배'라는 말이 있다. 경매는 일단 낙찰을 받아야 한다. 낙찰을 받아야 남든 쓰든 한다. 그것이 경매 투자를 하는 1차 목표일 수 있다.

그런 맥락에서 특수 물건을 제대로 알아보자. 치열한 경쟁 속에 패찰만 거듭할 것이 아니라 이왕지사 경매를 시작했으니 특수 물건에도 눈을 돌려보자. 제대로 알고 덤벼보면 낙찰 확률도 높일 수 있고 경매에 대한 자신감도 생겨서 쉽게 포기하지 않고 즐기면서 할 수 있다.

특수 물건에는 어떤 권리가 있는가?

대법원 경매정보사이트 메인 화면에서 물건상세검색을 클릭하면 하단의 특이사항란에 권리의 종류들이 나오는데, 그중에 ☑가 표시된 법정지상권, 유치권, 분묘기지권, 선순위권리를 통상 특수 물건으로 분류한다.

〈표 1-1〉 대법원 물건상세검색란

물건상세검색

부동산 | 동산

법원/소재지	◉법원/담당계 ○소재지(지번주소) ○소재지(새주소) 의정부지방법원 / 전체		
사건번호	2020 타경		
입찰구분	◉기일입찰 ○기간입찰 ○전체	기간	2020.08.01 ~ 2020.08.15
용도	건물 / 주거용건물 / 단독주택		
감정평가액	전체 ~ 전체	최저매각가격	전체 ~ 전체
면적	㎡ ~ ㎡		
유찰횟수	전체 ~ 전체	최저매각가율	전체 ~ 전체
특이사항	☑법정지상권 ☐별도등기 ☑유치권 ☑분묘기지권 ☐재매각 ☐특별매각조건 ☐농지취득 ☐예고등기 ☑선순위관련 ☐우선매수신고		

검색 초기화 검색조건추가

〈표 1-2〉 태인경매정보 종합검색란

특이사항	-- 선택안함 --	선택해제	정렬순서	-- 선택안함 --
☑유치권	☑법정지상권	☑지분경매	☑대지권없음	☑분묘기지권
☐재경매	☐채권자매수청구	☑토지별도등기	☐예고등기	☑소유가등
☐3회이상유찰	☐50%저감물건	☐선순위전세권	☑선순위가처분	☑선순위가등기
☑선순위지상권	☑선순위임차인	☐건물만입찰	☐토지만입찰	☐위반건축물
☐맹지	☐NPL	☐선택항목제외검색	☐전체	

※OR 검색으로 다중검색을 지원합니다.

〈표 1-2〉는 태인경매정보의 종합검색란으로, 하단의 특이사항에서는 일반적 진행보다는 특이하게 진행되는 재매각, 3회 이상 유찰 물건, NPL 물건 등과 권리의 종류를 좀 더 자세하고 폭넓게 분류해서 정보를 제공한다. 그중 표시된 유치권, 선순위지상권, 법정지상권 분묘기지권, 선순위임차인, 지분경매, 선순위가처분, 선순위가등기 등 등기상 설정되어 있거나 등기상 설정이 안 된 권리라도 이러한 권리가 있는 물건을 통상 특수 물건으로 분류한다.

특수 물건 찾는 방법

특수 물건 찾는 방법은 간단하다. 태인정보지로 살펴보면, 메인화면 상단 바에서 종합검색을 클릭하고 원하는 지역을 선택한 후, 하단의 특이사항(표1-2)란에서 찾고자 하는 권리를 클릭하면 해당 물건을 검색할 수 있다.

지역/법원	◉지역 ○법원 서울특별시 시/군/구 읍/면/동 □산 - 번지 □목록검색

서울을 선택해서 선순위임차인을 클릭해서 검색해보자.

서울 전 지역의 선순위임차인을 클릭하니 370건의 물건이 검색된다. 물건이 많아 검색이 어렵다면 법원별로 구분해서 하

〈표 1-3〉 서울지역 선순위임차인 물건(예시)

검색건수: 370건 20개씩

사건번호 ↓	입찰일자 ↓	소재지 ↓	감정평가액 ↓	최저경매가 ↓	유찰회수

사건번호	소재지	용도 입찰일자	감정평가액 최저경매가 낙찰가	진행단계 (유찰)
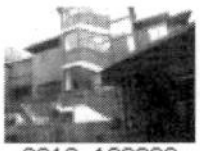 2019-108306	[중앙4계] 서울 동작구 상도동 외 1개 목록 [건물 246.78m²] [제시외 28m²] [토지 192m²] 제보 선순위임차인 다음지도 온나라지도 sms 새창보기	다가구 2020.08.12	1,369,094,400 876,221,000	진행 (2회)
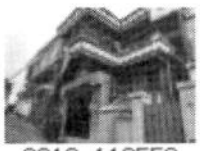 2019-110558	[남부10계] 서울 영등포구 신길동 외 1개 목록 [건물 140.15m²] [토지 91.6m²] 선순위임차인 다음지도 온나라지도 sms 새창보기	단독주택 2020.08.12	458,484,160 458,484,160	신건 (0회)
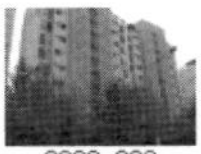 2020-893	[남부10계] 서울 강서구 내발산동 파크5단지 504동 6층 호 [건물 59.84m²] [대지권 41.72m²] 선순위임차인, 도로인접 다음지도 온나라지도 sms 새창보기	아파트 2020.08.12 시세 (2020.07.27)	668,000,000 668,000,000 ▲ 700,000,000 ▼ 640,000,000	신건 (0회)

부동산태인(www.taein.co.kr)자료 참조

면 된다. 다른 권리도 동시에 할 수 있지만, 양이 많은 경우 검색이 어렵기에 권리별로 검색하는 것도 요령이다.

이렇게 특수 물건은 제시된 권리를 클릭해 쉽게 찾아볼 수가 있지만, 물건 하나하나 또는 다른 권리를 일일이 찾고 검색하는 것은 쉽지 않다.

이와 같은 방법 외에 〈표 1-2〉의 특이사항란에서 3회 이상 유찰, 50% 저감 물건에서 찾는 방법도 있다. 이렇게 가격이 저감되거나 유찰이 많은 물건은 십중팔구 특수 물건이라 보면 된다.

03 특수 물건, 기준을 세우고 하자

경매는 물건 찾기부터가 시작이다. 그런 다음 권리분석이고, 수익분석이다. 특수 물건은 더욱더 그러하다. 물건 찾기는 자기만의 기준을 세우고 시작하는 것이 좋다. 예를 들어, 선순위 임차인이 있는 물건 중 가장임차인일 가능성이 있는 물건만을 집중적으로 한다든지, 지분 경매만을 한다든지, 법정지상권, 유치권 등에서만 찾아본다든지 물건 선택의 폭을 좁혀 자신에게 맞는, 즉 자금 수준이나 경매 지식 또는 경험 등을 고려해 권리의 종류를 정해놓고 하는 기준이 필요하다는 것이다.

개인적으로 특수 물건은 낙찰률도 높이고 고수익을 바라고 하는 것이라 생각한다. 하지만 돈이 되는 특수 물건을 해본다 해서 선순위 가장임차인도 하다가, 법정지상권도 손대다가, 유치권도 손대는 등 이것저것 손댄다는 것은 정말 위험천만한 일이기에 권하고 싶지 않다. 왜냐하면, 권리별로 분석해야 할 법률적 내용과 권리의 특성이 다르고, 상대해야 할 대상자들의 성향도 다 다른 만큼 그에 따른 조건과 해결해야 할 방법이 다르기 때문이다.

예를 들어, 특수 물건 중 선순위임차인이 있는 물건만 집중적으로 한다고 하면 무엇을 할 것인가? 선순위임차인이 있는 물건은 자칫 보증금을 추가로 부담해야 할 위험이 있어 꺼리는 물건이지만, 그 안에서 가장임차인을 밝혀내고 증거를 확보한다면 돈이 된다. 다른 권리가 있는 특수 물건에 눈 돌릴 것 없이 한 우물을 파다 보면 그 분야에 상당한 지식과 경험이 생기며, 전문가도 되고 낙찰 확률도 높이고 고수익을 창출할 수가 있다는 것이다.

선순위임차인이 있든 법정지상권이 있든 유치권이 있든, 어떤 권리가 달라붙어 있는지는 불문하고 특수 물건이라면 거의 감정가의 반값 이하로 떨어지기 때문에 어떤 권리의 특수 물건을 하든 자기가 해보고자 하는, 또는 어느 정도 자신 있는 권리를 집중적으로 도전해보기를 권한다. 그런 연후에 곁눈질해도 충분하다. 특수 물건은 경매에 이제 막 입문한 초보자가 도전하기에는 분명 어려운 물건이지만, 차근차근 준비하고 배우고 쉬운 물건으로 학습을 거친 후에 경매를 지속적으로 한다면 못 할 이유가 없다.

특수 물건을 낙찰받았다가 잔금을 준비하지 못해 포기하거나, 복잡한 법정 분쟁에 휘말리거나 실제 권리자에게 예측하지 못한 돈을 물어줘야 하는 일 등이 발생할 수 있다. 이러한 일이 생겨서는 낭패다. 이런 일을 방지하기 위해서는 특수 물건은 금융권에서 대출을 꺼리는 만큼 사전에 자금조달계획을 꼼꼼히 세우자. 그리고 권리분석에 대한 사전학습도 게을리하지 않으면 얼마든지 해볼 만하다. 결코 소위 말하는 고수들이나 하는 그런 특정 사람들의 전유물은 아니라는 말이다.

이제 하나하나 살펴보도록 하자.

Part 02

선순위 가장임차인

01 전입일자가 빠른 가장임차인

부동산 경매 시장은 항시 활기가 있다. 특히 정부의 무모하다 할 정도의 과다한 주택수요 억제정책에도 불구하고 실물경기가 꺾이지 않는 상황에서의 시장은 더욱 그러하다. 시중에 매물이 사라져도 경매 시장에는 항시 필요한 물건이 있기 때문에 실수요자나 투자자들이 많이 몰리고, 그에 따라 낙찰가는 감정가 이상으로 높아질 수밖에 없다. 그만큼 패찰 확률이 높아진다는 계산이다.

패찰을 거듭하다 눈을 돌릴 곳이 어딜까? 바로 특수 물건 쪽이다. 그중에서도 익숙하게 권리분석을 하던 주거용 건물의 전입일자가 빠른 선순위임차인이 있는 물건에 더 관심이 쏠린다.

정상적인 선순위임차인인 경우에는 배당요구나 확정일자 여부에 따라 낙찰자가 보증금 상당액을 추가로 부담해야 하는 위험이 따르기 때문에 선불리 입찰하지 못한다.

그럼에도 불구하고 관심을 두는 것은 거주자가 말소기준권리보다 전입일자가 빠르지만, 정상적인 임차인이 아닌 가장임차인인 경우, 그 진위 여부를 밝힐 수만 있다면 상당한 수익을 올릴 수 있는 메리트가 있기 때문이다.

확실한 메리트가 있는 것은 사실이다. 그러나 입찰 전 가장임차인의 유무를 판단하고 그 증거를 확보하기가 쉽지 않다. 가장임차인이라는 증명은 낙찰자가 소명해야 하는데, 결정적 증거를 찾고 확보하기가 쉽지 않다. 단지 가장임차인들에게 흔히 나타나는 여러 가지 유형을 유추해서 입찰 여부를 판단하는 것이 고작이다.

입찰 전 가장임차인의 일반적 유형만 파악한 후 낙찰받았다면, 그에 대한 확실한 증거를 확보한 후 인도를 시도해야지, 그렇지 않으면 자칫 인도소송까지도 갈 수 있는 상황에 부닥칠 수 있다.

선순위임차인 분석해보기

〈표 2-1〉의 예시 물건은 전입일자도 빠르고 확정일자까지 받은 진정한 선순위임차인이 임대차에 대한 권리신고도 하고

배당신고까지 마친 물건이다. 갭(gap) 투자에 가까워 보이는 물건으로, 통상 대출금보다는 분양가 또는 매매가의 90%를 넘나드는 수준의 임차보증금으로 투자하는 관계로 선순위 근저당이 없이 임차인이 항상 선순위인 것이 특징이다.

〈표 2-1〉의 예시 물건과 같이 대항력과 확정일자를 갖추고 배당요구 종기 내에 배당요구 신청을 한 선순위임차인의 권리가 명확한 물건의 입찰 여부에 대한 권리분석은 그리 어렵지 않다. 권리분석에 관해서는 누워서 떡을 먹기식이라 할 수 있고 단지 입찰가액의 많고 적음만 판단하면 된다. 그러나 전입일자가 빠르지만 가장임차인으로 추정되는 물건은 입찰에 신중을 기해야 한다.

〈표 2-1〉 정상적 선순위임차인 예시 물건

❯ 감정평가서 요약/진행결과/임차관계/등기권리 감정평가서 보기 GO

소재지/감정서	면적(단위:㎡)	진행결과	임차관계/관리비	등기권리
(22770) [목록1] 인천 서구 신현동 109동 24층 호 [봉오재1로] 지도 등기 토지이용 [구분건물] · 본 건은 인천광역시 서구 신현동 소재 인천가현초등학교 북서측 인근에 위치하며 주변은 아파트단지, 학교 및 근린생활시설 등이 혼재하는 지대로서 제반 주위환경은 보통시됨. · 본 건까지의 차량접근이 가능하며 인근에 노선버스정류장 및 인천지하철 2호선 가정역(루원시티)이 소재하는 등 제반 교통상황은 보통시됨.	대 지 · 49.7/59899.2㎡ (15.04평) 건 물 · 84.9778㎡ (25.71평) 총 25층 중 24층 보존등기 2017.10.19 토지감정 129,900,000 평당가격 8,636,970 건물감정 303,100,000 평당가격 11,789,190 감정기관 대양촌감정	감정 433,000,000 100% 433,000,000 변경 2020.01.20 ※매각기일 미지정 법원기일내역 2020.01.16. 변경 후 추후지정	▶법원임차조사 **원 례** 전입 2017.12.22 확정 2017.12.22 배당 2019.10.01 보증 2억7000만 점유 전부/주거 (점유: 2017.12.29.~2019.12.28.) (주 린배우자이고 주 령 *총보증금:270,000,000 임대수익률계산 ▶전입세대 직접열람 GO 주** 2017.12.22 열람일 2020.01.06	*집합건물등기 소유권 온 배 이 전 2018.01.17 359,300,000 전소유자: 종합건설(주) 매매(2017.09.08) 가압류 정 호 2018.07.31 89,171,000 [말소기준권리] 강 제 정 호 2019.09.23 (2019타경28) 청구액 89,171,000원

〈표 2-2〉 무권리신고 경매 물건 예시

➋ 감정평가서 요약/진행결과/임차관계/등기권리 감정평가서 보기 GO

소재지/감정서	면적(단위:㎡)	진행결과	임차관계/관리비	등기권리
(21974) [목록1] 인천 연수구 동춘동 아파트 110동 9층 호 [원인재로] [지도] [등기] [토지이용]		감정 307,000,000 100% 307,000,000 유찰 2020. 06. 29 70% 214,900,000 진행 2020. 07. 29 [법원기일내역]	▶법원임차조사 이 수 전입 2009.08.21 확정 - 배당 - 보증 - 점유 주거 (현황서상) ▶전입세대 직접열람 GO 이** 2009.08.21 열람일 2020.06.16 ▶관리비체납내역 ·체납액:332,770 ·확인일자:2020.06.15 ·2개월(20/3-20/4) ·전기수도포함가스별도	*집합건물등기 소유권 이 문 이 전 2009.08.07 244,000,000 전소유자: 이 예 매매(2009.04.17) 근저당 은행 (연수지점) 2015.08.06 84,000,000 [말소기준권리] 근저당 은행 (연안부두지점) 2016.07.27 96,000,000
[구분건물] · 본건은 인천광역시 연수구 동춘동 소재 인천연성초등학교 남동측 인근에 위치하며, 주위환경은 동유형의 아파트 단지, 각급 학교 및 근린생활 시설 등으로 이루어진 지역임. · 본건까지 차량의 진출입이 가능하며, 인근에 버스정류장 및 인천지하철 1호선 동춘역이 소재하고 대중교통은 무난시됨.	대 지 · 44.7/58279㎡ (13.51평) 건 물 · 88.86㎡ (26.88평) 총 18층 중 9층 보존등기 1995.02.27 토지감정 122,800,000 평당가격 9,089,570 건물감정 184,200,000 평당가격 6,852,680 감정기관 이원감정			

〈표 2-2〉의 예시 경매 물건에 대한 임차인관계상의 임차인 조사 내용을 보면 근저당설정일(2015. 8. 6)보다 빠른 전입자 이○○이 있음을 확인할 수가 있다(전입일자 2009. 8. 21). 그러나 경매법원의 조사에 의해 주민등록상의 선순위임을 알 수 있을 뿐, 선순위전입자가 확정일자나 임차보증금 등 주택임대차보호법상의 임대차에 관련된 권리신고와 배당요구 신청을 하지 않아서 임대차관계의 사실 여부는 확인할 수가 없다. 선순위임차인이라 표기된 물건을 검색하다 보면 이런 물건을 자주 보게 되는데, 전입일자만 빠른 거주자가 있는 이런 물건들이 가장임차인으로 추정하게 되는 물건으로 관심의 대상이 되는 것이다.

현황조사서

1. 부동산의 점유관계

소재지	1 인천광역시 연수구 원인재로 110동 9층 호 (동춘동, 아파트)
점유관계	채무자(소유자)점유, 기타점유
기타	- 본건 현황조사차 현장에 임하여 소유자의 부 이 수를 면대한 바, 소유자 가족이 이건 부동산을 점유 사용하고 있으며 임대차관계는 없다고 함. - 본건 주소지내 전입세대 열람내역 및 주민등록등본 첨부.

현황조사서를 살펴보면 전입일자가 빠른 자가 소유자의 부(父)로 조사되고 임대차관계가 아니라는 점유자의 진술에도 불구하고 매각물건명세서에는 전입일자가 빠른 자를 대항력이 없다고 단정하지 않고 대항력 있는 임차인으로 기재해 정확한 임대차관계 조사와 증거의 필요성을 입찰자들에게 알리고 있다.

매각물건명세서

점유자 성명	점유 부분	정보출처 구분	점유의 권원	임대차기간 (점유기간)	보증금	차임	전입신고 일자, 사업자등록 신청일자	확정일자	배당 요구여부 (배당요구일자)
이 수		현황조사	주거 임차인				2009.08.21		

<비고>
이 수 : 대항력 있는 임차인으로서, 소유자의 부로 조사됨.

경매법원은 전입일자가 말소기준권리보다 빠른 자가 있으면 거주나 비거주의 사실관계는 상관없이 대항력 있는 임차인으로 추정하는 것이 경매법원의 한결같은 입장이라 이러한 법원의 공시 내용을 그대로 믿어서는 안 된다.

02 가장임차인에 대한 채권자의 대응

우선변제권을 가진 대항력 있는 선순위임차인의 임차보증금은 금액의 많고 적음에 상관없이 임차인의 선택에 따라 법원에서 배당을 받을 수도 있고, 임대차기간 동안 살다가 기간이 종료되면 낙찰자에게 보증금 전액을 상환받고 명도해줄 힘이 강한 권리다.

설령 확정일자가 없어 우선변제권이 없어도 담보 설정 구간에 해당하는 소액임차인인 경우에는 최우선변제금을 배당받고 미 배당금이 발생할 때는 낙찰자에게 받을 수 있는 권리가 있다.

이렇게 힘이 센 선순위임차인이 있는 물건을 배워야 하는 이유는 뭘까? 이유는 간단하다. 돈이 되기 때문이다. 선순위임차인이 있는 물건은 임차보증금의 추가 부담으로 인해 그만큼 유찰이 된다. 싸게 낙찰받아 가장임차인을 증명할 수 있다면, 그만큼 수익이 발생할 가능성이 큰 것이다. 이렇게 유찰이 거듭되면 거듭된 유찰로 낙찰자는 더 큰 수익을 발생시킬 수 있지만, 반면 채권자들은 어찌 될까?

〈표 2-2〉 확정일자부 우선변제권으로 배당요구를 해서 우선변제를 받는다면 그만큼 후순위 근저당권자들의 배당금이 적어지거나 무배당이 될 텐데, 이럴 때 채권자들이 가만히 손해만 보고 있겠는가?

선순위임차인이 있는 경우 금융기관의 대출 규정

주택담보대출 신청이 들어오면 금융기관은 해당 물건의 전입세대를 열람해 거주자를 확인한다. 확인 결과, 소유자와 동일세대원 외에 다른 동거인이 있으면 전출한 후 대출하거나 임차인인 경우에는 정해진 담보 비율 만큼의 대출금에서 선순위임차인의 보증금과 나머지 방을 소유자가 거주하고 사용하더라도 방 한 개당 최우선변제금에 해당하는 금액을 전부 공제(일명 방빼기)하고 잔여금을 대출해준다.

만일 전입자가 가족이나 친인척관계 또는 제삼자에 의해 무상거주를 주장하며 공제 없이 대출을 원하면 전입자(주민등록상의 전입세대원이나 동거인)와 집주인(소유자)으로부터 무상거주확인서나 주민등록상으로는 전입이 되어 있지만, 사실상은 거주하지 않는다는 불거주확인서를 받은 후 대출해준다.

이렇게 선순위 전입자의 권리를 제거하고 방 빼기를 한 후에도 담보가치 이상으로는 절대 대출을 하지 않는다. 주택이 경매로 매각되더라도 선순위로 채권확보를 위한 안전장치를 위한 금융권의 일반적 대출규정이라 보면 된다. 그럼에도 불구하고 실제 주택이 경매가 진행되어 전입일자가 빠르다는 이유를 들어 선순위임차인 행세를 하며 손해를 발생하게 한다면, 그대로 손실을 감수할 은행이나 금융기관은 결코 없다. 가장임차인인지 여부를 반드시 가려내고, 배당이의의 소는 물론 사기죄나 강제집행면탈죄, 위계에 의한 경매방해죄 등 형사고발을 해서 채권을 보전한다.

판례 1. 사기죄와 강제집행면탈죄

실제 임대차관계가 없음에도 최우선변제 자격이 있는 것처럼 허위로 임대차 계약서를 작성해(아들과 짜고 방 한 칸에 2,000만 원에 계약) 배당을 받아가는 행위는 채권자에게 손해를 입히고 법원을 기망하고 경매의 공정성을 해치는 범죄행위다. 법원은 이와 같은 사안에서 형법상 사기죄와 강제집행면탈죄를 적용해 징역 6개월의 실형을 선고했다(서울남부지법 2008. 3. 26. 2007고단2137).

판례 2. 위계에 의한 경매방해죄

경매의 목적이 된 주택의 실질적 소유자인 피고인이 전처 명의로 허위임대차 계약서(이혼위자료 담보조로 1억 5,000만 원)을 작성하고 이를 첨부해 경매법원에 전처가 '주택임대차보호법'상 대항력이 있는 주택임차인인 것처럼 권리신고를 했다면 대항력 있는 주택임차인의 외관을 갖추고 그 사실을 권리신고를 통해 입찰참가인에게 나타내어 입찰가를 저감시킴으로써 공정한 경매를 방해한 것이므로 '형법' 제315조의 위계의 방법에 의한 경매방해죄와 성립을 인정해 징역 10개월의 실형을 선고했다(인천지방법원부천지원 2001. 5. 18. 2001고단23).

앞의 두 사례의 판례에서 보듯 가장임차인으로 추정되는 임차인들이 권리신고와 배당요구를 통해 매각가를 저감시키거나 실질 배당금을 받아가 손해를 보게 되자 채권자는 가차 없이 형사고발을 하고 법원은 가혹한 실형을 선고한 사실을 확인할 수가 있다.

03 선순위임차인, 가짜가 많다?

경매를 잘 모르는 사람들이라 해도 모바일만 열면 해당 정보를 얼마든지 알 수가 있는 정보 홍수의 시대다. 또한 주변의 소위 경매를 좀 안다는 선무당들에게 듣는 풍월과 무수하게 많이 쏟아져 들어오는 경매 전단을 보고 반전문가가 된다.

이렇듯 알게 모르게 반전문가가 된 소유자가 진정한 임차인이 아닌 주민등록 전입신고가 되어 있는 동거 중인 가족이거나 친인척 또는 실질 거주하지 않는 지인을 내세워 선순위임차인 신분으로 허위 임대차관련 서류를 제출하며 권리신고를 하고 배당신고를 하면, 사례에서 보듯 형사고발을 당하고 실형을 살 수 있다. 이러한 사실은 이제는 삼척동자라도 다 알 수 있을 정도로 정보를 공유한 시대라 충분히 알고 있을 것이다.

'누울 자리 봐가며 발을 뻗어라'라는 속담이 있다. 이렇게 가장임차인들의 실형 사례가 넘치는데, 그런 형사적 처벌의 위험을 안고 채권자에게 손해를 끼치는 행위인 임대차에 대한 권리신고와 배당요구를 할 가장임차인들이 얼마나 될까? 역지사지(易地思之)로 내가 경매를 당했다면 옥살이를 각오하고 법원과 채권자를 기만하는 이런 위험한 일을 하겠는가? 이런 현실을 놓고 볼 때 〈표 2-2〉의 예시 물건과 같이 전입일자가 빠른 거주자가 임대차관계에 대한 권리신고나 배당신고를 하지 못하고 낙찰자에게만 선순위임차인을 주장하며 많은 돈을 요구하고 인도를 거부하는 경우가 발생하는 것이다.

그래서 전입일자가 말소기준권리보다 빨라 외형상 선순위임차인인 듯하지만, 권리신고나 배당신고가 없는 이런 물건들의 대부분이 가장임차인이라 보면 된다는 것이다. 그러나 저가로 낙찰받기 위해 진정한 선순위임차인이 고의적으로 권리신고도 배당신고도 하지 않는 경우가 있다. 단순히 신고가 안됐다는 이유만으로 가장임차인으로 단정해서는 안 된다.

04 선순위 가장임차인에 대한 증거 찾아보기

선순위 가장임차인들은 앞에서 설명한 바와 같이 경매법원이나 채권자에게는 형사고발의 위험성 때문에 선불리 선순위 주장을 하지 못하고 낙찰자에게는 강하게 대항한다. 근거 서류의 확인조차도 거부하거나 묵살하고 많은 돈을 요구하며 '해볼테면 해봐라'식으로 나오는 것이 이들의 전형적인 수법이다.

채권자와 다투다가는 형사고발 당할 것을 알기에 그들이 아닌, 비교적 상대하기가 만만하다고 보는 낙찰자와 일전불사(一戰不辭) 싸움을 걸어오는데, 이미 각오하고 낙찰받은 마당에 물러설 수는 없지 않은가! 낙찰자는 가장임차인이 제시하는 임대차관련 서류가 허위로 조작한 가짜라는 증거를 확실히 밝히거나 임대차가 아예 처음부터 없었다는 증거서류나 소유자와 동일세대원이라는 가족관계서류 등을 제공하지 않는 이상 추정이나 어설픈 증거서류로는 인도명령 신청을 해도 경매법원은 소송으로 다투라는 취지로 기각시킨다.

경매법원은 현장답사를 통해 소유자 외의 거주자들에 대한 임대차조사를 하지만, 가장임차인인지 아닌지에 대한 실질적 판단은 하지 않고 〈표 2-2〉에서 볼 수 있듯이 전입일자가 빠른 세대원이나 동거인들에 대해서는 권리신고가 없어도 대항력 있는 임차인으로 추정하고 현황조사서를 작성하고 공지한다.

결론적으로, 전입일자가 빠른 거주자가 또는 비거주자가 진정한 임차인인지 가장임차인인지를 밝히고 증거를 확보하고 시시비비를 따지는 것은 전적으로 낙찰자의 몫으로, 인도소송의 어려운 길을 가야 하느냐, 인도명령으로 간단하게 명도를 하느냐는 증거를 확보하느냐에 따라 판가름 난다. 심증은 충분한데 물증이 없으면 소송을 통해서도 쉽지 않을 수 있기 때문이다.

첫 번째 : 무상거주확인서나 불거주확인서를 확보하자

대출은행이나 후순위 근저당권자들도 알고 있고, 증거도 있을 가능성이 충분하다(선순위임차인이 있는 경우, 금융기관의 대출 규정 참조). 무상거주확인서 또는 불거주확인서가 바로 핵심적 증거가 된다.

입찰 전이든 낙찰받은 후나 잔금 납입 후든 해당 금융기관에 협조를 요청해 증거를 확보해야 한다. 과거와 달리 신상보호법 강화로 인해 금융기관에서 자료 제공을 거부하는 경우가 많지만, 결국은 누군가는 확보할 가능성이 얼마든지 있다.

통신비밀법의 저촉이 되지 않는 방법으로 녹취는 기본으로 하고 신상기록을 주말(朱抹)하고 교부를 요청하든, 인적교분을 활용하든, 어떠한 방법을 동원해서라도 증거서류를 확보하면 이 한 가지 증거서류만으로도 인도명령의 결정을 받을 수 있다.

임차인의 무상거주확인서의 효력에 대한 대법원의 판례(요약)

설령, 주택임차인이 1순위 근저당권자에게 무상거주확인서를 작성해준 사실이 있어 임차보증금을 배당받지 못하게 되었다고 하더라도, 그러한 사정을 들어 주택의 인도를 구하는 매수인에게 주택임대차보호법상 대항력을 주장하는 것은 신의칙에 위반되어 허용될 수 없다(대법원 2017. 4. 7. 선고 2016다248481 판결).

가장 최근 판례로 전입일자가 빠른 전입자와 근저당권설정자가 금융기관에 제출한 무상거주확인서가 확실한 증거가 될 수 있음을 판례가 증명하고 있다.

단, 조심해야 할 것이 있다. 전입일자가 빠른 선순위세입자나 동거인이 있어도 소유자 혹은 채무자의 다른 부동산을 공동으로 담보를 제공해서 대출하는 경우(예를 들어, 채무자가 운영하는 공장과 주택을 공동담보로 제공 시 공장담보가치가 주택가격을 충분히 넘는 경우 등), 즉 개인대출이 아닌 기업대출인 경우에는 무상거주확인서나 불거주확인서를 안 받는 경우가 있어 입찰하기 전 세심한 권리분석이 필요하다.

또한, 근저당권자가 은행이 아닌 개인이거나 은행권과 유사한 여신기능이 있는 신용보증기금이나 신용보증재단 등의 기관일 경우에는 담보물의 가치뿐만 아니라 채무자회사의 실적이나 신용도, 자력 등을 종합적으로 고려해 대출이 실행되는 것이 통상적이다.

〈표 2-3〉의 물건에서 보듯이 이 물건의 근저당 금액은 선순위 전입자(2010. 8. 6)가 있어도 은행권과 유사한 여신기능이 있는 캐피탈에서 감정가 2억 8,000만 원과 거의 같은 금액의 채권최고액이 설정(근저당설정일-2018. 8. 29)되어 있는 것을 확인할 수가 있다.

〈표 2-3〉 관련 경매 물건 예시

감정평가서 요약/진행결과/임차관계/등기권리 감정평가서 보기 GO

소재지/감정서	면적(단위:㎡)	진행결과	임차관계/관리비	등기권리
(22681) [목록1] 인천 서구 당하동 아파트 동 13층 호 [원당대로] [지도] [등기] [토지이용]		감정 280,000,000 100% 280,000,000 유찰 2020.07.13 70% 196,000,000 예정 2020.08.17 법원기일내역	▶법원임차조사 **고 선** 전입 2010.08.06 확정 - 배당 - 보증 - 점유 주거 (현황서상) ▶전입세대 직접열람 GO 김** 2010.08.06 열람일 2020.06.29 ▶관리비체납내역 ·체납액:0 ·확인일자:2020.06.30 ·20년4월까지미납없음	*집합건물등기 소유권 김 선 이 전 2010.06.30 280,000,000 전소유자: 박 영 매매(2010.03.20) 근저당 캐피탈 2018.08.29 278,200,000 [말소기준권리] 가압류 신용보증재단 (강서지점) 2019.09.02 11,238,977
[구분건물] · 본건은 인천광역시 서구 당하동 소재 원당초등학교 남동측 인근에 위치하며, 주위는 대단지 아파트, 다세대주택, 근린생활시설 등이 혼재된 지역으로서 주위환경은 보통시됨. · 본건까지 차량의 출입이 가능하며, 인근에 버스정류장이 소재하는 등 대중교통이 용편의도 는 보통시됨.	대 지 · 51.1/39487.7㎡ (15.46평) 건 물 · 84.9922㎡ (25.71평) 총 15층 중 13층 보존등기 2005.02.03 토지감정 84,000,000 평당가격 5,433,380 건물감정 196,000,000 평당가격 7,623,500 감정기관 비즈웰감정			

이처럼 정상담보 가치보다 많은 대출이 있는 물건은 무상거주확인서나 불거주확인서 등의 서류가 없을 가능성이 충분하다는 것으로, 이러한 물건을 부득불 입찰에 참여할 때는 서류의 존재 여부를 확인해야 하지만, 다른 증거서류를 확보해서 낙찰 후 명도에 대비해야 할 것이다.

두 번째 : 임대차계약서와 보증금 지급 영수증, 은행거래명세서 등의 서류를 확보하자

통상 세대주와 그 세대 구성원이나 동거인 등은 전입일자가 같은 경우가 대부분이다. 그런 이유로 살던 집이 경매를 당하게 되면 부부지간이나 부모와 자식 간, 장인·장모와 딸, 사위 등 가족 구성원에서 전입일자가 빠르다는 이유로 가장임차인 행세를 하는 사례가 많다.

그 밖에 형제자매나 가족관계는 아니지만, 회사직원이나 동료 등 제삼자가 전입일자가 빠르다는 이유로 소유자와 짜고 임대차계약서를 허위로 급조해서 선순위임차인 행세를 하며 낙찰자에게 임차보증금 상당액을 요구하는 일이 비일비재하게 일어난다.

경매를 예상하고 직계존비속과 또는 형제자매나 제삼자와 미리 임대차계약을 체결하고 만일에 대비하는 경우가 얼마나 될까? 설령 계약서를 작성했다 치더라도 임차보증금 지불 근거까지 치밀하게 준비해놓고 경매를 당하는 사람이 얼마나 될까?

법률상으로는 직계존비속 간이나 친인척 간이라도 임대차계약을 체결하고 그에 상응하는 임대보증금을 지불한 증거가 있는 등 진정성이 부여된 경우라면 그 임대차관계를 부정하지 않는 것이 대법원의 적극적 판결이다. 그러나 법원은 그러한 적극적 판결을 하는 반면, 진정성이라는 잣대는 엄격하게 판단하고 있다. 가족 간이나 친인척 간에 임대차는 얼마든지 조작이 가능한 것으로 보고 있다는 것이다.

그런 이유로 임대차계약서의 진위 여부는 물론, 보증금도 은행을 거치지 않고 수표도 아닌 현금으로 보증금을 지불하고,

가족 간이라 영수증도 교부하지 않았다는 등의 형식적 금전거래는 인정하지 않는다. 증거가 될 수 있는 영수증이나 통장 사본 등 임대보증금이 오고간 사실을 확실하게 증명해야 한다. 또한, 자금 출처까지도 소명을 받고 있다.

임대차계약서의 공시 방법은 무엇일까? 다름 아닌 확정일자다. 정상적인 임대차라면 확정일자를 받는다. 임대차계약서는 허위로 작성하고 날짜를 임의로 기재할 수는 있지만, 확정일자는 조작할 수가 없다. 과연 법원은 필요에 따라 얼마든지 친인척 간에 공모해 근저당설정일보다 앞선 날짜로 작성할 수 있는 임대차계약서를 전입일 이전 당시에 친인척 간에 작성된 진정한 임대차계약서라 믿을까?

법원은 임대차계약서가 없었거나 설령 있었다고 하더라도 확정일자가 날인되지 않은 임대차계약서는 법적 증거서류로 인정하지 않는다. 다시 말해, 통상적 관행이나 현실적으로 임대차계약을 체결 후 주민등록 전입신고를 할 때 확정일자 날인을 받는데, 이 확정일자가 없는 임대차계약서는 사실상 임대차관계가 없는 직계존비속이나 친인척이 주민등록만 전입한 상태에서 무상으로 거주하거나 채권채무관계나 지인 등이 전입신고만 되어 있는 상태에서 근저당권자가 경매를 개시하자, 전입일자가 빠른 것을 빌미로 임대차관계인 것처럼 공모하고 계약서를 조작해서 경매를 방해하거나 강제집행을 면탈하기 위한 허위계약서로 보아 증거서류로 인정하지 않는다는 내용이라 할 수 있는 것이다.

그러나 '법은 멀고 주먹은 가깝다'라는 말이 있다. 법의 잣대가 엄하다 해도 일단 법은 어렵고 한참 멀리 있다. 그래서 많은 가장임차인들이 소송으로 가는 길이 어렵고 많은 시간이 소요된다는 점을 악용해 억지 논리와 허위서류로 낙찰자에게 달려드는 게 현실이다.

명도소송을 각오하고 낙찰을 받았다면 모를까, 인도명령의 가능성을 보고 시작했다면 입찰 전이든 낙찰받고 나서든 구체적이고 확실한 증거서류 한 가지 이상을 확보해서 소송이 아닌, 인도명령 신청을 통해 명도해야 한다.

가장임차인은 낙찰자가 확인을 요구하는 임대차계약서나 법에서 인정받을 만한 영수증이나 통장 입출금 내역 등을 순순히 제공해줄까? 현금으로 받았고 영수증도 분실했고 계약서도 분실했다는 등 상식 밖의 언행을 보이는 한편, 설령 있다 해도 왜 그것을 보여줘야 하느냐, 원하는 대로 보증금을 주면 주겠다는 등, 온갖 핑계를 대며 확인을 거부하다가 궁색하면 법대로 해보라며 배짱을 부리는 일이 흔하게 일어난다.

가장임차인이라면 그런 서류들은 아예 없을 것이다. 설령 있다고 해도 전부 허위로 작성했을 가능성이 충분한데, 누가 봐도 가짜임을 알 수 있는 계약서나 영수증 등을 제공하며 진짜

임차인임을 주장하는 그런 가장임차인은 없을 것이다.

그렇다고 협상의 주도권을 놓아서는 안 된다. 민·형사상으로 더 큰 손해를 받을 수 있다는 내용으로 강한 압박도 하고 적정한 합의를 유도하는 등 다양한 협상 방법을 활용해서 임대차계약서 등 관련 서류를 확보해서 그 서류들이 조작해서 만든 가짜서류임을 밝히고 인도명령 신청 시 증거서류로 활용해야 한다.

동일세대원이 아닌 친인척이나 지인 또는 회사직원이라면 의외로 쉬울 수도 있다. 이들은 필시 자발적으로 임차인 행세를 하는 경우보다는 금전적 보상을 조건으로 소유자나 채무자의 사주에 의해 가장임차인 행세를 하는 경우가 많다.

이들은 대체로 가장임차인으로의 행위를 소유자나 채무자의 가족보다는 제삼자적 입장에서 상당히 조심하고 행여 잘못되면 옥살이하고 손해배상을 해야 한다는 심리적 압박감을 가지고 있는 특징이 있다.

이런 점을 협상카드로 적절히 활용해 증거를 확보하는 것도 한 가지 방법이다. 그러나 친인척 형제간에 체결한 임대차계약은 적법하게 인정받을 수 있다는 사실을 항상 명심해야 한다. 임대차계약서, 보증금을 지불한 증거 등 진정한 임대차계약임을 증명할 수 있는 증빙자료가 있고, 선순위임차인이라면 대항력이 인정되는 것이다.

세 번째 : 소유자와 동일세대원인지 여부를 증명하자

가족공동생활을 하는 부부나 자식 소유의 주택에 사는 부모, 미성년자인 자식 등과의 임대차는 성립이 안 된다. 성인인 자식이 부모 집에 사는 경우에도 별도의 세대주가 아닌, 같은 주민등록등본에 등재된 세대주와 동일세대원인 경우에도 인정받지 못하는 것은 물론이고, 설령 전입신고가 빠르다는 이유로 대항력 있는 임차인임을 주장해도 소송법원은 인정하지 않는다.

선순위임차인이 있는 물건을 권리분석하다 보면, 전입자가 가족관계라는 심증이 가는 물건이 대다수다. 그러나 심증은 충분한데 물증을 확보하기가 어렵다. 신상보호법의 강화로 선순위전입자가 가족관계라는 것을 증명할 수 있는 주민등록등본, 가족관계증명원, 혼인관계증명서 등을 열람할 수도 없고 이런 중요한 서류를 순순히 내주거나 할 가장임차인이 있을까? 쉽지 않은 일이다.

입찰 전에 이러한 서류를 확보하느냐 마느냐는 순전히 자신의 협상 능력에 달렸다. 그러나 낙찰 후에는 최고가매수신고인의 자격으로 집행기록 열람 신청을 통해 주민등록표를 열람하고 복사해서 증거를 확보할 수 있다.

소유자이자 세대주가 대출을 받고 나서 전출을 하고 잔여 세대원 중 세대주가 되는 경우도 종종 볼 수가 있다. 이런 때에는 등기부등본을 통해 최초 근저당설정 당시의 주소로 동일세대원임을 증명할 수 있다.

부부가 고의든 사실이든 이혼해서 남남이라고 주장하며 선순위임차인 행세를 하는 경우도 흔히 본다. 이런 경우, 이혼한 시점부터 대항력을 행사할 수가 있다. 그러나 이혼 후에도 동거를 한다면 사실혼이 인정되어 대항력을 인정받지 못한다.

05 현장에서 가장임차인 증거 찾기

선순위 전입자가 가장임차인이라 판단되는 물건을 입찰할 생각이라면 단단한 각오가 필요하다. 가장임차인을 밝혀내기 위해 은행 등 주변에서 증거를 확보할 수만 있다면 증거를 찾기 위해 임차인이라 주장하는 거주자를 만날 필요는 없겠지만, 개인신상보호법의 강화 등 여건상 증거 확보가 여의치 않을 때는 직접 만나는 것도 괜찮다.

인도명령이든 명도소송으로 명도를 받든 그건 나중 문제고 내 집, 내 물건의 소유자로서 당당히 만나면 된다. 새로운 집주인이 현재의 임차인을 만나는데 떨 것도 초조할 것도 급할 것도 없지 않은가! 만나기 전, 첫 번째 내용증명을 통해 자신의 신분을 밝히고 향후의 일정에 대해 안내를 하고 연락이 오든 안 오든 방문을 하는 것이 좋다.

만나되 선입견은 버리고 만나는 것이 좋다. 복잡한 생각을 버리고 증거를 확보할 수 있다는 기대도 접어두고, 단순하게 집주인 입장에서 정상적인 임차인 만난다 생각하고 만나는 것이 중요하다. 그래야 대화의 실마리가 풀리고 녹취로 증거를 확보할 수 있는 계기가 된다.

"안녕하세요! 이번에 경매를 통해 이 집을 낙찰받은 ○○○이라 합니다."

"그런데요?"

"아! 다름 아니라 세입자를 좀 만나러 왔는데요, 임차인 ○○○이세요?"

"그런데요?"

"아! 네에…. 집이 경매로 나가는 바람에 여러 면으로 힘드시지요?"

"힘들 거 없어요. 돈 다 받으면 되니까."

"아! 그러시군요. 그럼 받아야 할 보증금은 얼마나 돼요?"

"이 양반이 말장난 하나, 경매받은 사람이 보증금이 얼마인지, 토해놓아야 할 돈이 얼마인지도 모르고 낙찰을 받아! 참 딱한 사람이군."

고양이 쥐 생각하는 말투다.

"아! 그렇지요, 세입자께서 법원에 임대차 신고를 했으면 알 수 있었을 텐데, 아무런 신고를 하지 않아 알 수가 없더라고요. 그래서 여쭙는 겁니다. 얼만지 알아야 준비를 할 것 아닙니까, 그리고 잔금을 치르고는 세를 놓을 건데 여건이 맞으면 계약을 하고 이 집에서 계속 살 의향이 있는지도 알아야 하고요."

"신고는 무슨…. 신고 안 해도 내 돈 다 받을 수 있는데, 그리고 돈 다 받으면 나갈 거요. 그런 줄 알고 그만 가세요. 시간 없으니. 그리고 보증금은 나중에 알려줄 테니, 그리 아슈!"

"허 참! 나중에 알려줄 거 뭐 있습니까? 만나기도 서로 어려운데, 이렇게 만나고 얘기 나온 김에 돈이 얼마인지 알아야 준비하든지 금액이 많으면 내가 포기하든지 하지요.'

"내가 얼마라면 하면, 그 돈 당장 다 줄 거요?"

"아니, 다 주고 말고가 어디 있습니까? 세를 얻으려면 임차보증금을 정해서 임대차계약서도 작성했을 거고 계좌이체 영수증도 있을 거 아닙니까? 그런 근거에 의해 다 받을 거 아닙니까?"

"지금 계약서나 영수증을 찾기 번거로우면 내 핸드폰 번호 아시죠? 지난번 내용증명이나 일반우편에 기재되어 있으니 핸드폰으로 찍어 카카오톡이나 메시지로 보내주거나 복사해서 주면 됩니다."

"아 참! 그런데요. 궁금한 게 있는데, 여기 집주인하고 같이 사시나요?"

"무슨 뚱딴지같은 소리 하는 거요? 임대인하고 내가 왜 같이 살아, 쓸데없는 소리 하지 말고 그만 가요."

"아니, 그게 아니라 오다가 우편함을 보니 집주인 앞으로 온 우편물이 많아서 물어본 거예요. 그리고 관리소에 들러 보니 그 집 집주인 외에 입주신고서나 다른 사람이 선수관리비 납입한 적이 없다 하는데, 통상 세를 들어가면 임차인이 기본적으로 하는 건데 어찌 된 건지요? 또한 관리비도 집주인 명의로 부과되던데요."

"아니 이 양반 지금 무슨 헛소리 하는 거야, 내가 그럼 가짜 임차인이라도 된다는 거야, 뭐야!"

"가짜임차인이라뇨, 그런 말 한 적 없는데요. 단지, 세입자로서 법원에 임대차신고를 했으면 보증금 등 내용을 알 수 있었을 텐데, 신고하지 않아서 낙찰자 입장에서 당연히 물어보는 것이고, 관리소도 새로 집주인 되는 입장에서 인사도 할 겸해서 들러 이것저것 확인해본 내용을 말할 것뿐인데, 뭐 화낼 것도 없잖아요."

"가짜임차인 말이 나왔으니 말인데요. 잘 아시겠지만, 요즘 가장임차인에 대한 규제와 입찰방해죄나 강제집행면탈죄 등 형사처벌이 엄격해졌다는 거 아시죠?"

"뭐, 가장임차인 아니시겠지만, 행여 임차인 자격이 미달된 상태인지 잘 살펴보시고 판단을 잘하세요. 잘못 판단하고 실수가 있었다 해도 법은 인정이 없는 거 아시잖아요."

"지난번 우편을 통해 안내한 바와 같이 잔금이 납입되면 곧바로 경매 절차상 인도명령을 신청할 것입니다. 그리고 심문기일이 정해지면 그때 법원에 출두해서 임대차계약서나 영수증 등 임차인이라는 거 증명하시면 됩니다."

"기분 나쁘게 생각하실 건 없습니다. 낙찰받은 사람들이 하는 필수 과정이니까."

"오늘 마침 만나서 얘기 나눌 수 있어 다행이고요. 법원에 출두하지 않길 바라며 그 전에 연락해주세요. 안녕히 계세요."

이는 비록 증거 확보는 못 했지만, 임차보증금 인정해줄 테니 증거를 내놓으라는 메시지와 사실관계 확인에 의한 가장임차인일 수 있다는 은근한 강한 압박과 만일 가장임차인으로 밝혀질 경우, 형사고소까지도 할 수 있다는 의사를 충분히 전달한 대화 방법이다.

이렇듯 현장에서 법원의 경매 사건목록에서 전입일자가 빠른, 즉 대항력 있는 임차인일 수가 있다고 명시한 거주자를 한 번이든 두 번이든 몇 번이고 문전박대를 당해도 만나야 한다는 것이다. '손바닥도 마주쳐야 소리가 난다'라는 말 그대로다. 부딪쳐야 한다. 부딪친다고 싸움하자는 건 아니잖은가!

만나는 궁극적 목적은 증거를 확보하기 위해서지만 가장임차인이라는 심증에서 확증적 사실만 확인해도 목적은 달성했다고 볼 수 있다.

그리고 될 수 있는 대로 직설적 표현보다는 우회적 표현으로 사실관계를 떠보고 설령 임차인의 고의는 아니더라도 형사처벌이나 손해배상을 하는 일이 비일비재하게 일어난다는 사실을 각인시켜주는 것이 좋다.

'빈 수레가 요란하다'고 했다. 정상적인 임차인이라면 악다구니로 덤비진 않는다. 반면, 가장임차인인 경우에는 그럴 가능성이 충분하다. 그러나 요란 떨어봐야 내면은 형사처벌에 대한 강한 압박감과 두려움을 내포하고 있다. 그걸 감추느라 더 큰소리치고 오히려 '갑'질 하며 달려드는 경우가 많다. 그러나 칼자루는 낙찰자인 매수인에게 있다는 사실을 염두에 두고 형사고소에 대한 카드를 적절히 활용하면 합의에 큰 도움이 된다. 물론 명도소송까지, 즉 갈 데까지 가 보자고 덤비는 가장임차인이 간혹 있지만, 그걸 방지하기 위해 증거를 찾고 확보해야 한다.

06 임차인을 통하지 않고 현장에서 증거 찾아보기

전입세대열람내역으로 찾아보기

입찰 전 기본적으로 전입세대열람내역을 열람한다. 가장임차인이라는 심증을 안고 입찰에 참여하고 낙찰받았다면, 잔금 납입 전 협상 진행을 하든 안 하든 다시 열람해서 세대주와 동거인의 거주 여부에 대한 변동이 있는지를 확인한다.

잔금 납입 후에도 또다시 열람해서 매수인의 명도에 대한 강한 압박과 그에 따른 강제집행과 형사처벌에 대한 심적 변화, 그리고 소유자 또는 채무자와의 상황 변화에 따른 이유로 임차인 행세를 하는 거주자가 전출했는지 여부를 확인한다. 만일 전출한 사실이 발견된다면, 손쉽게 호박이 넝쿨째 들어오는 격이랄까, 아님 대박이라 해야 할까. 흔한 일은 아니지만, 가끔 일어난다.

관리소에서 찾아보기

아파트 등 공동주택이나 주상복합 등의 건물을 낙찰받게 되면 밀린 관리비를 내야 하는데, 직원이나 관리소장을 찾아 미납관리비가 얼마나 되는지 등을 물으면, 누가 낙찰을 받든 이사를 오든 관심이 없는 관리소 입장에서는 밀린 관리비 받는 게 목적이기에 굳이 감출 것 없이 알려준다. 이 과정에 자연스럽게 현재 소유자가 사는지, 임차인이 사는지 등에 대해 묻고 선수관리비는 누가 예납했는지, 관리비는 누구 이름으로 부과되는지 등을 확인한다.

관리소가 있는 아파트 등 공동주택에 입주할 때는 입주자에 대해 입주신고서를 작성하고 선수관리비를 납입한다. 전기, 수도, 등을 포함한 관리비와 가스 사용료가 임차인 명의로 부과되는데, 임차인이라고 주장하는 자의 명의로 부과되는지 소유자나 채무자 명의나 제삼자의 명의로 부과되는지를 확인하고, 복사본이라도 요청해서 그 증거를 확보해야 한다.

그 밖에 우편함의 우편물 수취인 확인과 차량 등록 대수와 소유자 등도 확인해서 증거가 될 만한 사항을 찾아보자.

집행기록에서 증거를 찾자

가장임차인에 대한 증거를 입찰 전에 확보하기 위해 여러 방법을 통해 노력했지만, 증거 확보에 실패했다면 집행기록에서 찾아보자. 현행 민사집행법은 해당 물건의 입찰 전이나 낙찰 후에도 집행기록 열람을 이해관계인(법제90조)에 한해 허용(법제9조)하면서 그 이해관계인의 범위를 압류채권자와 집행력 있는 정본에 의해 배당을 요구한 채권자, 채무자 또는 소유자, 등기부에 기입된 부동산 위의 권리자와 그 권리를 증명한 사람으로만 한정하고, 입찰 전에 입찰예정자들에게는 공개하거나 열람 및 복사를 허용하지 않고 있다.

집행기록에는 경매 사건목록은 물론, 입찰예정자들에게 공개되지 않는 경매 신청서, 각 이해관계인에게 보낸 문서 발송 및 송달 내역(문서 수발 내역은 대법원 경매 정보를 통해 입찰 전 공개되고 있다), 각 채권자들의 권리신고 및 배당요구 내역, 임대차계약서, 유치권 신고서, 경매 관련 각종 소송 진행 내역, 불허가신청 내역, 입찰자가 제출한 입찰표 등 경매 신청에서 매각기일까지 경매 진행 과정에서 접수된 모든 서류와 매각 후 추가로 접수된 서류나 배당 관련 서류 등 모든 서류가 편철되어 있다.

또한 집행기록에는 임차인 등의 주민등록등본과 같은 개인정보의 민감한 부분까지 포함되어 있는 서류가 있기에 낙찰자 입장에서는 이 집행기록을 반드시 확인해야 한다. 민사집행법상에서는 집행기록을 열람하거나 필요 부분을 복사할 수 있는 자를 이해관계인에게 한정했지만, 부동산 등에 대한 '경매 처리지침 제53조1항2호'에서는 최고가매수신고인, 차순위매수신고인 등에 대해 집행기록을 열람·복사하도록 허용했다.

그러므로 낙찰자 입장에서는 최고가매수인으로 선정되면 매각결정기일 이전에 집행기록 열람을 신청해서 입찰 전에 경매사건목록에서 분석할 수 없었던 유치권신고나 그 밖의 권리신고 등 추가로 발생한 부분이 있는지 필요서류를 꼼꼼하게 살펴보고, 그에 따른 위험부담 여부에 대한 분석과 잔금 납입과 명도에 대한 계획을 최종 점검하는 것이 좋다.

첫 번째로 법원 경매 정보에서 입찰 전이든 후든 문건 접수 내역을 확인해 채권자인 근저당권자가 임차인이 배당요구 및 권리신고했는지 여부를 확인하기 위해 경매 사건기록(집행기록)을 열람 신청했는지 확인한다. 문건 접수 내역 확인 결과, 근저당권자가 열람 신청을 했고 배당배제 신청서를 제출했다면, 가장임차인이 거의 확실하다 보고 복사해서 증거자료로 활용하면 된다. 근저당권자는 배당요구를 신청한 임차인이 가장임차인이라는 증거자료인 무상거주확인서나 불거주확인서를 확실히 가지고 있다는 방증이기 때문이다.

두 번째로, 임차인이 권리신고나 배당신고 후 배당요구기일 이내에 철회했는지 여부를 확인한다. 가장임차인이 권리신고나 배당요구를 하는 경우는 극히 드물다. 선순위로 배당받을 자격을 상실한 임차인이 신고하게 되면 근저당권자인 채권자의 형사고소가 있다는 것이 이제는 일반상식화되어 있을 정도기 때문에 거의 하지 않지만, 그럼에도 불구하고 권리신고나 배당신고를 했다면 가장임차인이 섣부르게 신고했다가 뒤늦게 철회했다고 볼 수 있다. 그러나 정상적인 임차인이 가격을 저감해서 매입할 목적으로 철회했을 수도 있고, 소유자나 채무자가 제삼자를 통해 매입할 의사로 철회를 했을 가능성이 있어 선순위임차인의 철회가 있을 시 분석해야 한다.

세 번째로 임차인에게 권리신고나 배당요구서, 그리고 임대차계약서나 보증금 지불영수증 등이 있는지 살펴보자. 이 같은 서류가 있다면 복사해서 증거서류로 확보해야 하고, 특히 임대차계약서가 허위인지를 밝혀 인도명령 시에 증거자료로 제시하면 된다.

07 인도명령 신청하기

어떤 자금으로든 잔금 납입을 했으면 그와 동시에 그동안 확보한 증거서류, 녹취록 등을 첨부해 점유이전가처분 신청과 함께 인도명령을 신청한다. 어떻게 하든 인도명령 결정문을 받아야지, 명도소송까지 가면 시간적으로나 금전적으로나 이겨도 지는 것이다.

보통 채무자나 소유자에 대한 인도명령이나 대항력 없는 임차인인 경우의 인도명령은 정당한 요건만 갖추고 신청하면 심문 없이도 결정한다. 그러나 대항력 있는 임차인인 경우에는 심문하도록 정해져 있기 때문에 별도의 심문기일이 정해진다.

심문기일이 있다는 건 매수인 입장에선 인도명령 결정을 받기 위한 기회라 보면 된다. 심문기일에 심문하지만, 법원은 임차인의 적법성을 따지기보다는 외관에서 나타난 대항력 성립 여지가 있는지에 중점을 두고 판단하기 때문에 명도소송으로 다투라는 취지로 기각시키는 경우가 많다.

그러므로 신청서 작성에서부터 피신청인인 점유자가 대항력이 없다는 이유를 확실한 증거로 작성해서 제시하고, 해당 판례도 인용해서 법적 설명을 충분히 하고 증거서류를 첨부해서 집행법원이 외형만 보고 판단할 수 없도록 하는 것이 중요하다. 이렇게 해야 집행법원에서도 임차인의 적법성 여부에 대해 간과하지 않고 꼼꼼하게 심문하며, 신청인이나 임차인이 제출한 증거서류의 사실 여부도 따지게 되고 그에 따른 결정을 하게 되는 것이다.

이러한 과정에 점유자인 임차인이 증거자료를 제출하지 않았거나 설령 제출했어도 대항력 있는 임차인이라는 증거서류의 미비로 인한 보정명령통지에 제대로 응하지 않았거나, 심문기일에 임차인이 출석해 진술할 기회를 주었는데도 불구하고 이에 응하지 않으면, 심문을 종료하고 인도명령을 결정한다. 그리고 만일 기각되더라도 포기하지 말고 증거서류를 더 보완해서 즉시항고나 재항고를 통해서라도 명도소송까지 가는 일은 없도록 하는 것이 중요하다.

지금까지 전입일자가 말소기준권리보다 앞선 가장임차인에 대해 알아봤다. 앞서 설명한 바와 같이 가장임차인이라는 심증 판단만 가지고 입찰해서는 안 된다. 확실한 증거서류를 확보했거나 확보할 수 있다고 판단되면 입찰에 참여해야 한다.

특히 잔금대출을 활용해서 물건을 구입할 계획이라면, 잔금 납입 전에 입증서류 확보가 급하다. 은행은 대항력 있는 선순위임차인이 있을 경우 대항력이 없다는 확실한 증거를 제시하지 않는 이상, 대출을 꺼리거나 안 해준다. 명도를 받기 위해 증거를 확보하는 것보다 매각대금 마련을 위한 증거 확보가 더 시급하다는 말이다.

Part 03

법정지상권&관습법상 법정지상권

01 법정지상권이란 어떤 권리인가?

법원 경매 물건을 검색하다 보면 매각물건명세서에 '법정지상권성립 여지 있음'이라는 글귀를 자주 보게 된다. 법정지상권에 대해 자세히 몰라도 이러한 문구가 있으면 괜히 머리가 복잡해지고 손대기가 꺼려진다. 주변에서도 그런 말을 많이 한다. 이런 물건 잘못 손댔다가는 '배보다 배꼽이 터진다'고 이야기한다. 일리가 있는 말이다. 토지를 사용하기 위해 매입했는데 지상건물에 대한 권리가 없어 그로 인해 상당한 기간의 제약을 받는다면 당초 취득 목적대로 사용할 수 없어 손해를 입게 된다.

또한, 건물만을 취득하고 보니 법정지상권은 있다지만 토지에 대한 권리가 없어 권리행사에 상당한 제약을 받는다. 우리나라는 토지와 건물을 별개의 부동산으로 분류 집합건물(토지는 대지권으로 표기)이 아닌 이상, 등기부등본도 토지와 건물이 각각 구분되어 있다. 그래서 일단의 토지에 건물이 있어도 토지소유권자와 건물소유권자가 따로 생기는 일이 발생하는 것이다.

통상적으로 금융권에서 부동산 대출을 할 때 토지와 건물을 공담으로 근저당설정을 하고 나지인 상태에서는 향후 지상물이 건축될 것을 예상해서 토지에 근저당설정은 물론, 토지상에 지상권을 설정해서 대출을 실행하고 건물이 신축되면 추가로 담보 설정하는 것이 관례화되어 있다.

이러한 대출 관행이 있는데도 불구하고 저당권자의 담보권 실행으로 토지 및 건물에 대해 일괄 경매 되지 않고 동일 지번상의 부동산 중 토지만 경매에 나오거나 건물만 경매로 나오는 경우가 있다. 이렇게 동일 지번상의 토지 또는 건물이 임의경매로 매각되어서 그 소유권을 달리할 때 발생하는 권리가 법정지상권이다.

지상권이란, 말 그대로 지상 즉 토지 위의 권리다. 지상권자가 토지소유자와의 설정계약을 통해 사용, 수익, 때로는 처분까지 할 수 있는 물권이다. 그 약정의 내용에 따라 건물의 신축이나 수목의 식재, 전신주, 광고탑, 교각 등 공작물을 설치할 수도 있는 권리로, 토지소유권자와의 법률행위, 즉 계약과 등기를 통해 권리가 발생하는 것이 지상권이다.

그에 반해 법정지상권이란, 계약에 의해 발생하는 권리가 아닌, 법에서 정한 일정한 요건만 갖추면 '민법 제366조'의 규정에 의해 등기를 하지 않아도 법적으로 당연히 성립하는 지상권을 말한다. 즉 법정지상권은 토지의 소유자와 건물의 소유자가 어떤 이유로 분리되어 있을 때, 일정한 요건을 갖춘 경우에는 건물을 철거하지 않고 그대로 유지시켜주는 것이 사회·경제적으로 바람직하다는 차원에서 인정되는 제도로, 약정에 의한 지상권과는 달리 건물과 수목만을 그 대상으로 하고 관습법상 법정지상권은 건물만 그 대상이 된다.

그렇다고 지상에 건물이 있는 토지 또는 건물만이 경매로 매각된다 해서 무조건 법정지상권이 성립되는 것은 아니다. 일정한 성립요건을 갖추었을 때 법정지상권이 발생한다. 그러므로 '법정지상권 성립 여지가 있음'이라고 표기가 된 물건이라 해서 기피할 이유가 전혀 없고 오히려 눈을 번쩍 뜨고 반가워해야 할 물건이라 생각해서 적극적으로 살펴보면 된다.

요즘은 워낙 인터넷상이나 각종 매체 또는 강의나 전문서적을 통해 경매에 대한 지식이 일반화되어 있어 조금만 관심을 가져도 법정지상권의 성립 여지가 있는 물건이라도 특수 물건이라는 말이 무색할 정도로 어렵지 않게 분석하고 입찰에 참여하는 추세다.

오히려 다른 특수 물건에 비해 권리분석이 어렵지 않다. 하지만 '면장질도 알아야 한다'고, 제대로 알고 해야지, 남들이 한다고 잘만 하면 돈이 된다는 어설픈 지식으로 부화뇌동해서 따라 하다간 큰코다친다.

지금부터 법정지상권의 종류나 성립요건 등 법정지상권 전반에 대해 자세히 알아보도록 하자.

02 법정지상권의 종류도 여러 가지라는데…

법률 규정에 의한 법정지상권의 종류

전세권과 법정지상권

대지와 건물이 동일소유자에 속한 경우에 건물에 전세권을 설정한 때에는 그 대지소유권의 특별 승계인은 전세권설정자에 대해 지상권을 설정한 것으로 본다(민법제305조1항).

이 같은 조항은 전세권 설정 당시에 토지와 건물이 반드시 동일소유자이고 그 후 토지소유자가 변경된 경우에는 건물소유자를 위해 법정지상권이 성립된다는 것으로, 이때 지상권은 전세권자가 아닌 건물소유자가 취득한다.

가등기담보권과 법정지상권

토지와 그 건물이 동일인에 속한 경우, 그 토지 또는 건물에 대해 가등기담보에 관한 법률 제4조2항(청산금의 지급과 소유권의 취득)의 규정에 의해 소유권을 취득하거나 담보가등기에 기한 본등기가 행해진 경우, 그 건물의 소유를 목적으로 그 토지 위에 지상권이 설정된 것으로 본다. 이 경우 그 존속기간과 지료는 당사자의 청구에 의해 법원이 정한다. (가등기담보에 관한 법률 제10조)

담보가등기권자는 선택에 따라 담보권을 실행하거나 경매를 청구할 수 있는데, 이 경우 담보가등권리를 저당권으로 보고 '민법 제366조'의 법정지상권의 법리가 그대로 적용된다.

입목권과 법정지상권

토지와 입목이 동일소유자에게 속한 경우에 경매나 그 밖의 사유로 토지와 그 입목이 각각 다른 소유자에게 속하는 경우에는 토지소유자는 입목 소유자에 대해 지상권을 설정한 것으로 본다. 여기에서 입목이란, 수목의 집단을 말하고 입목법에 따라 소유권보존등기가 되어야 이를 부동산으로 보고 법정지상권이 성립되는 것이다.

저당권과 법정지상권

저당물의 경매로 인해 토지와 그 지상건물이 다른 소유자에게 속한 경우에는 토지소유자는 건물소유자에게 지상권을 설정한 것으로 본다. 그러나 지료는 당사자의 청구에 의해 법원이 이를 정한다고 '민법 제366조'에서 규정하고 있다.

살펴본 바와 같이 법정지상권의 종류에는 여러 가지가 있는데 그중에 경매 시장에 주로 나오는 물건은 대부분이 저당권에 기한 법정지상권과 관련된 물건과 관습법상의 법정지상권이라 보면 된다. 이러한 법정지상권은 강행규정으로 어떠한 특약이 있다 하더라도 그 행위는 무효로 일정한 성립요건만 갖추면 권리를 보호받게 된다. 그렇다고 토지 또는 건물에 저당권이 설정된 상태에서 매각되었다 해서 무조건 법정지상권이 성립되는 것은 아니다.

법정지상권은 강행규정으로 어떠한 특약이 있다 하더라도 그 행위는 무효로 보호받게 되지만, 그러한 강한 권리를 취득하려면 일정한 성립요건을 갖추어야 그 권리를 주장할 수 있다. 실지 실무에서 바로 이 부분, 즉 법정지상권으로서의 성립조건이 충족된 물건인지 결격 조건이 있는지 찾는 것이 핵심이다.

자세하게 들여다보고 파헤쳐보면 법정지상권 성립요건이 충족되기가 그리 쉽지만은 않다는 것을 알 수 있다. 그래서 해볼

만 하다는 것이다. 앞서 설명한 바와 같이 까다롭고 어려운 물건이라 해서 외면하지 말고 눈 크게 뜨고 법정지상권의 성립요건에 해당하는지 안 되는지를 찾아보고 해보자는 것이다.

결국은 내가 어렵다고 움츠리고, 까다롭다고 비껴가는 사이에 시장에 나온 물건들 다 주인 찾아가는데 그저 바라만 보면서 먼 산 보듯 할 필요가 없지 않은가! '법정지상권 성립 여지 있음'이 아니라 '없음'을 찾아내는 그런 지식과 능력을 갖춘다면, 겁내고 피할 이유가 없다.

03 법정지상권의 성립요건

첫 번째 : 토지에 저당권이 설정 당시 건물이 존재할 것

토지에 저당권이 설정 당시 건물이 실제로 존재하면 성립요건을 충족하는 것으로 등기된 건물은 물론이고 미등기건물이나 무허가건물도 법정지상권이 성립된다. 그렇다면 어디까지를 건물로 볼 것인가를 따져봐야 한다. 지상에 어떤 구조물이 있다 해서 전부 건물로 보지 않는다. 판례는 법정지상권의 성립 대상인 건물로 인정받기 위해서는 외형상 최소한의 기둥과 지붕, 주벽으로 이루어져 있을 것을 요구하고 있다.

'토지에 저당권이 설정될 당시에 신축 중인 건물에 대해 법원은 그 기준에 대해서 사회 관념상 독립된 건물로 볼 수 있는 정도에 이르지 않았다 해도 건물의 규모, 종류가 외형상 건물로 예상할 수 있는 정도까지 건축이 진척되어 있고, 그 후 매수인이 매각대금을 다 낸 때까지 최소한의 기둥과 지붕 그리고 주벽이 이뤄지는 등 독립된 건물의 요건을 갖추면 법정지상권을 인정하기에 충분하다고 판시하고 있다.' (대법원 2011. 1. 13 선고 2010다67159 판결)

두 번째 : '저당권설정 당시' 토지소유자와 건물소유자가 같을 것

토지와 건물소유자의 동일성은 '저당권설정 당시'를 기준으로 한다. 저당권설정 당시에 토지와 건물소유자가 같으면 법정지상권의 성립요건으로 충분하고, '저당권설정 당시', 토지와 건물소유자가 다른 경우에는 법정지상권은 성립하지 않는다.

'저당권설정 당시에는 토지와 건물소유자가 같았으나 저당권설정 이후에 토지와 건물의 소유자가 달라진다 해도 이미 법정지상권의 성립요건이 충족되어 있기 때문에 그 동일성은 지속된다. 따라서 토지 경매를 할 때는 물론이고 토지가 경매되기 전에 법정지상권이 있는 건물을 취득한 사람으로부터 경매로 그 물건을 취득한 사람도 법정지상권을 취득한다.' (대법원 2014. 12. 14. 선고2012다73158 판결)

세 번째 : 해당 부동산에 저당권이 설정되어 있을 것

토지나 건물 중 어느 하나 또는 전체에 저당권이 설정되어야 한다. 법정지상권은 저당물의 경매로 동일인 소유였던 토지와 건물이 달라져야 하는 법정요건으로 해당 부동산에 저당권설정이 없으면 법정지상권의 해당요건이 안 되고 관습법상의 요건으로 따져봐야 한다.

네 번째 : 저당물의 경매로 인해 토지와 지상건물의 소유자가 달라질 것

'민법 제366조'의 규정은 저당물의 경매로 토지와 그 지상건물의 소유자가 달라져야 법정지상권을 취득할 수 있다고 규정했는데, 여기서 저당물의 경매는 담보권 실행 등을 위한 경매, 즉 임의경매로 달라져야 한다는 것이다. 따라서 저당권의 실행이 아닌 강제경매, 공매, 일반적 매매 등을 원인으로 토지와 건물소유자가 달라진 경우에는 '민법 제366조'의 법정지상권의 규정은 성립할 수가 없다.

그러나 '민법 제366조' 법정지상권의 규정은 위와 같은 제한적 요건을 요구하고 있지만, 판례는 이에 국한하지 않고 법정지상권의 성립요건을 폭넓게 인정하고 있다. 이를 관습법상 법정지상권이라 한다. 그러므로 입찰자 입장에서는 법정성립도 파악하고 관습상의 성립요건도 파악하는 등 이 두 가지의 법정지상권 성립요건을 동시에 권리분석해서 하자 유무를 파악하고 입찰에 임할 필요가 있다.

04 관습법상 법정지상권의 성립요건

첫 번째 : 토지와 건물이 '처분 당시' 동일인 소유에 속할 것

관습법상의 법정지상권은 토지와 건물 중 어느 하나가 '처분될 당시' 토지와 그 지상물이 '동일인 소유'에 속하면 되고 처음부터 동일인 소유일 필요는 없다. 즉, 소유권이 변동될 당시만 요구되는 것으로 민법상 법정지상권이 토지와 건물소유자의 동일성을 '저당권설정 당시'를 조건으로 하는 것과는 구분된다.

'처분될 당시'에 토지와 그 지상물이 동일인 소유에 속하면 된다 했는데 그 시점도 살펴보아야 한다. 일반적 거래행위인 매매나 교환 또는 상속, 증여 등에 있어서는 '소유권이전등기가 완료'된 때를 '처분될 당시의 시점'으로 본다. 그러나 강제경매로 소유권이 이전된 경우에는 '처분 당시의 기준'이 다르다.

압류에 의한 강제경매 시는 압류의 효력이 발생한 때(강제경매개시결정일)를 처분 시점으로 본다. 그러나 강제경매개시결정 이전에 가압류가 있는 경우에는 그 가압류가 강제경매개시결정으로 인해서 본 압류로 이행되어 가압류 집행이 본 집행에 포섭됨으로써 당초부터 본 집행에 있었던 것과 같은 효력이 있다.

따라서 경매의 목적이 된 부동산에 대해서 가압류가 있고 그것이 본 압류로 이행되어 경매 절차가 진행된 경우에는 애초 가압류가 효력을 발생하는 때(가압류 등기일)를 기준으로 토지와 그 지상건물이 동일인에 속한지를 판단한다. (대법원 2012. 10. 18. 선고 2010다52140 판결)

그러므로 경매로 매각 당시 토지소유자와 건물소유자가 달랐다 해서 관습법상의 법정지상권이 성립하지 않는 것이 아닌 만큼 처분 당시의 시점과 소유권 유무를 주의해서 분석할 필요가 있다.

두 번째 : 적법한 원인으로 토지와 건물소유자가 달라져도 인정

'민법 제366조'의 법정지상권의 규정은 저당물의 경매 즉, 저당권 실행을 위한 경매(임의경매)로 토지와 건물의 소유자가 달라질 것을 요구하는 반면, 대법원 판례는 적법한 원인으로 이루어지는 매매, 교환, 강제경매, 공매, 증여, 상속, 대물변제, 공유물분할 등 모든 거래행위에 폭넓게 적용해 그런 법률행위로 인한 토지와 건물의 소유자가 달라져도 인정하고 있다.

그러나 이러한 적법한 거래로 인해 토지와 건물의 소유자를 달리하게 된 후 건물소유자와 토지소유자와의 사이에 건물소유의 목적으로 하는 토지임대차계약을 체결한 경우에는 관습법상의 법정지상권을 인정하지 않고 있다. (대법 1992. 10. 27. 선고)

세 번째 : 당사자 사이에 철거 약정이 없을 것

민법의 법정지상권은 일종의 강행규정의 성격으로, 당사자 사이의 지상건물에 대한 철거약정은 인정되지 않는다. 그러나 이와는 달리 관습법상의 법정지상권은 당사자 간의 철거약정이 있으면 성립하지 않는다.

따라서 당사자 사이에 이러한 철거에 대한 약정이 있거나 토지소유자가 건물처분권까지 함께 취득한다는 약정 등이 있으면 관습법상의 법정지상권은 인정하지 않는다. (대법 2002. 6. 20. 선고 전원합의체 참조)

이처럼 법정지상권이 '민법 제366조'의 규정에도 불구하고 대법원 판례로 정립된 관습법상의 법정지상권으로 인해 적용 범위가 폭넓게 확대되고 인정되는 만큼 경매 정보에 '법정지상권의 성립 여지 있음'이라는 표기가 있는 물건을 권리분석 시에는 법정지상권의 성립 여부와 관습법상의 법정지상권 성립 여부도 함께 검토해야 할 필요가 있다는 것을 늘 염두에 두고 입찰에 임해야 한다.

05 '법정지상권의 성립 여지 있음' 물건 입찰 시의 구분

토지를 취득하는 경우

통상 법정지상권이 성립하는 물건이라고 하면 토지를 취득하는 경우가 대부분으로 취득 후 건물을 위한 법정지상권이나 관습법상 법정지상권이 성립할 경우에는 매수인은 건물을 임의로 철거할 수가 없다.

〈표 3-1〉의 경매 물건은 토지만 경매로 나온 물건으로, 지상의 건물은 제시 외 건물로 경매 대상에서 제외되고, 단지 법정지상권 성립 여지가 있고 그 성립 여부는 불투명하다고 고지된 물건으로, 토지만 경매로 나오는 물건들에서 볼 수 있는 전형

〈표 3-1〉 토지 경매 사례

대표소재지	[목록1] 인천 중구 선화동				
대 표 용 도	대지	채 권 자	송 경 강제경매		
기 타 용 도	-	소 유 자	최 영	신 청 일	2019.11.05
감정평가액	252,822,000원	채 무 자	최 O	개시결정일	2019.11.11
최저경매가	(47%) 119,105,000원	경 매 대 상	토지전부	감 정 기 일	2019.11.26
입찰보증금	(10%) 11,910,500원	토 지 면 적	126.6㎡ (38.3평)	배당종기일	2020.01.28
청 구 금 액	85,000,000원	건 물 면 적	0㎡	입 찰 일	2020.09.08(화)10:00
등기채권액	0원	제시외면적	0㎡	차기예정일	미정 (83,374,000원)
물 건 번 호	1 [진행]				
대법원공고	[기본내역] • 본건 지상에 소유자 미상의 제시외 건물(목조 기와 및 스레이트지붕 1층 주택 등 약 65㎡)이 소재하나, 매각에서 제외함, 위 제시외 건물로 인한 영향 감안시 토지의 평가액은 170,150,400원임. [매각물건명세서] • 매각대상 아닌 제시외 건물을 위한 법정지상권 성립여지 있으나 성립여부는 불분명 [현황조사서] • 본건 현황조사차 현장에 임한 바, 폐문부재로 이해관계인을 만날 수 없어 상세한 점유 및 임대차관계는 알 수 없음. 경매시 참고바람(전입세대미등재) - 출입문에 집행관실에서 작성한 `안내문`을 끼워두었음. - 본건 주소지내 전입세대열람내역 첨부.				

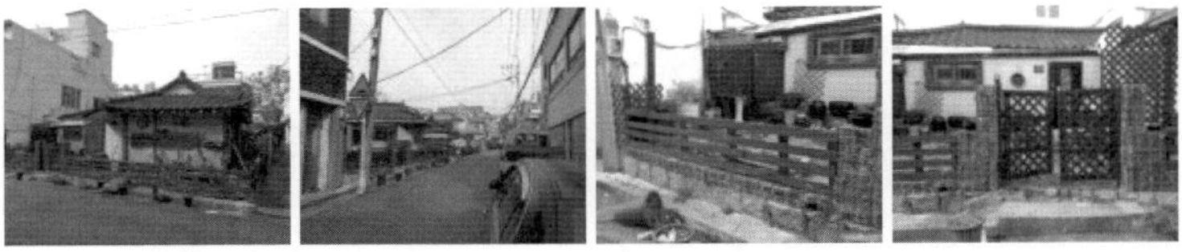

자료 : 부동산태인

적인 표시 내용임을 알 수 있다.

이러한 토지상의 제시 외 건물이 법정지상권이든 관습법상 지상권이 성립되면 어찌 되겠는가? 어떤 종류의 지상권이든 건물을 취득한 건물소유자는 건물의 종류와 견고성에 따라 법정지상권의 최단 존속기간인 최장 30년(석조, 석회조, 연와조 또는 이와 유사한 건물이나 수목)에서 15년(기타건물), 공작물 등의 소유를 목적으로 하는 경우 5년 동안 지상건물을 사용 수익할 권리를 갖게 된다.

반대로 법정지상권 여부를 잘못 판단하고 토지만을 취득한 매수인 입장에서는 법정지상권의 존속기간 동안 당초 취득한 목적대로 토지를 사용할 수 없는 심각한 일이 발생하게 되는 것이다.

결국, 건물소유자가 존속기간 만료 기간 동안 사용한다면 그 기간 동안은 약정된 지료를 받을 수가 있고 쌍방에 협의가 안 될 시는 법원의 판단에 의한 지료를 받을 수 있는 정도고, 만료 후에야 건물매수청구권 행사로 건물을 취득할 수 있다. 이처럼 토지소유자로서는 자신의 토지에 대한 권리를 행사할 수 없는 불이익을 받게 되는데, 그렇게 오랜 세월 지료를 받기 위해 토지만을 매수하는 사람들이 없다고 한다면, '법정지상권 성립 여지에 대한 권리분석의 중요성을 알 수 있다.

이와 달리 제시 외 건물이 법정지상권이나 관습법상의 법정지상권이 성립하지 않는다는 것을 알고 낙찰받았다면, 이 또한 어찌 되겠는가? 이 같은 경우, 흔히 말하는 '호박이 넝쿨째 들어온다'라는 표현이 어울리지 않을까? 특수 물건에 특히 법정지상권에 손대는 많은 입찰자들이 바라는 일이다. 저렴한 가격에 매입할 수 있어 고수익을 올리는 것은 기본이고 아울러 지상건물을 철거할 수 있는 권리를 갖게 된다. 건물소유자가 자진 철거를 하지 않을 때는 토지소유자는 철거 및 토지반환소송을 통해 토지에 대한 완전한 소유권을 취득할 수 있다. 이러한 권리를 활용해 건물을 비교적 싼 값에 매입할 기회가 발생하기도 한다.

건물을 취득하는 경우

건물만 경매로 나오는 경우는 흔치 않다. 전국 법원을 검색해 봐도 손가락으로 꼽을 정도다. 설령 이와 같은 물건이 나와도 토지에 대한 지분 내지는 권리가 단 1㎡도 없는, 그야말로 발밑이 편치 않은 이러한 건물을 취득할 사람이 있을까 싶다.

그러나 굳이 이러한 물건을 낙찰을 받고자 한다면, 반드시 법정지상권 성립이 되는 건물을 취득해야 한다. 토지 매입 시 법정지상권 성립이 안 되는 물건을 취득하는 내용과는 반대의 개념이라 보면 된다.

설령 법정지상권이나 관습법상의 지상권이 성립된다고 하더라도 취득 목적에 맞는 건물 용도의 적합성이나 건물의 상태 등을 면밀히 파악하고 임대 목적이라면 임대 수익과 토지소유자에게 지불하는 지료 등 수익성을 고려한 후 입찰해야 한다.

물론, 법정이나 관습법상으로 지상권이 성립되면 존속기간까지 사용수익 후 갱신청구 할 수도 있고 거절 시에는 적정가격에 건물 매수청구를 할 수 있는 권리가 있기는 하다. 그렇지만 법정지상권이 성립되든 안 되든 토지의 지분이 없는 건물만을 취득할 때는 삼고초려(三顧草廬)의 신중한 판단이 절대적으로 필요하다.

06 법정지상권과 관습법상 법정지상권의 분석 방법

법정지상권이나 관습법상의 지상권에 대한 분석이나 판단은 이론적인 법 지식과 경험을 겸비한 전문가들도 쉽게 생각하지 않는다. 각 사건의 물건마다 법정 성립요건이나 관습법상의 성립요건 외의 여러 가지 상황과 변수가 있고, 그에 따른 위험이 항시 붙어 있기 때문이다. 하지만 법정이든 관습법상이든 지상권의 성립이 안 된다면 그 이유와 증거를 어떻게 찾을지, 확인하고 분석하는 방법에 대해 충분한 학습을 하고 시작하면 얼마든지 할 수 있다.

분석 방법의 기본은 등기사항 전부증명서를 분석하는 것

권리분석의 가장 첫 번째는 등기사항 전부증명서(등기부등본)을 검색하는 것이다. 토지나 건물의 등기상 소유권자를 확인하는 것이 가장 중요하다는 말이다. 미등기건물이나 무허가 건물에서 발생하는 처분권이나 사용권 등의 권리도 결국 등기상 소유권 앞에 무릎을 꿇게 되어 있는 것이 권리관계에 있어 원칙이다. 등기부등본만 제대로 볼 줄 알고 분석하고 판단만 할 줄 알아도 법정이든 관습법상의 지상권이든 그 성립 여부를 판단할 수 있다.

토지상에 건물이 있는데도 불구하고 토지만 경매로 나오는 경우, '제시 외 건물이 있고 매각에서 제외하는 지상건물에 법정지상권이 성립할 여지 있음'이라는 일종의 경고 메시지가 반드시 따라붙는다. 이런 제시 외 건물의 소유권자 확인을 1차로 등기부등본을 통해 법정지상권 성립요건인 '저당권설정 당시'나 관습법상 지상권 성립요건인 '처분 당시'의 토지와 건물 소유자의 동일성을 파악하면 간단하게 그 성립 여부를 확인할 수 있는 것이다.

다음의 사례 물건은 현재 진행 중인 물건으로 등기부등본을 통해 실전 분석을 하고 성립 여부에 대해 살펴보기로 하자.

〈표 3-2〉 토지 경매 사례

기본정보

대법원사이트 보기 GO / 법원기본내역 보기 GO

대표소재지	[목록1] 인천 강화군 강화읍 용정리				
대표용도	대지	채권자	이 임의경매		
기타용도	-	소유자	남	신청일	2019.11.04
감정평가액	92,400,000원	채무자	강OO	개시결정일	2019.11.05
최저경매가	(49%) 45,276,000원	경매대상	토지전부	감정기일	2019.11.20
입찰보증금	(10%) 4,527,600원	토지면적	350㎡ (105.88평)	배당종기일	2020.01.15
청구금액	120,000,000원	건물면적	0㎡	입찰예정일	2020.09.24
등기채권액	1,000,000,000원	제시외면적	0㎡	차기예정일	매정 (31,693,000원)
물건번호	1 [유찰]				

물건사진/위치도

대법원공고	[매각물건명세서] <비고란> • 지상에 매각대상이 아닌 타인 소유의 건물(주택)이 소재함. 매각외 건물이 토지에 미치는 영향을 감안한 토지의 가액은 64,750,000원임(감정평가서 참조). 매각에서 제외하는 지상 건물 위하여 법정지상권이 성립할 여지 있음. • 소유자로부터 지상건물(목조 슬레이트 지붕 단층 주택 49.59㎡)이 2020. 4. 17.자로 강제집행 철거되어 실존하지 않는다는 취지의 2020. 5. 11.자 신고서가 제출됨. [현황조사서] • 본건 현황조사차 현장에 임한 바, 본건 부동산상에 제시외 건물이 소재하고 있어 확인을 한바 이해관계인을 만날 수 없어 상세한 점유 및 임대차관계는 알 수 없었고, 전입세대 열람 내역에도 전입자가 나타나지 않았음 - 출입문에 임차인의 권리신고방법 등이 기재된 `안내문`을 부착해 놓았음 - 본건 주소지내 전입세대 열람내역 1통 첨부

자료 : 부동산태인

〈표 3-2〉의 사례 물건은 강화군 소재의 대지 350㎡에 설정된 근저당권에 기한 임의경매로 현재 진행 중인 물건이다. 자료에서 보듯 매각에서 제외된 목조 슬레이트 지붕 단층건물(49.59㎡)이 있고 그 건물에 대한 법정지상권 성립 가능성의 여부로 인해 감정가의 49%에 3회 차 매각예정으로 있는 토지만 경매로 나온 물건이다.

'법정지상권 성립 여지가 있다'라고 공시했는데, 그렇다면 이 물건은 실질적으로 법정지상권이나 관습법상의 지상권 성립이 되는 물건일까? 아니면 성립이 안 되는 물건일까? 성립되느냐, 안되느냐에 따라 입찰해야 하느냐 마느냐의 중요한 판단 기준이 되기 때문에 가장 먼저 그 성립 여부를 찾아봐야 한다.

등기사항 전부증명서를 통해 법정지상권과 관습법상 법정지상권이 성립되는지를 살펴보도록 하자.

〈표 3-3〉 토지등기사항 전부증명서(말소사항 포함)

[토지] 인천광역시 강화군 강화읍 용정리

【 표 제 부 】 (토지의 표시)

표시번호	접 수	소 재 지 번	지 목	면 적	등기원인 및 기타사항
1 (전 1)	1981년5월20일	인천광역시 강화군 강화읍 용정리	대	350㎡	
					부동산등기법시행규칙부칙 제3조 제1항의 규정에 의하여 1998년 12월 31일 전산이기

【 갑 구 】 (소유권에 관한 사항)

순위번호	등 기 목 적	접 수	등 기 원 인	권리자 및 기타사항
1 (전 1)	소유권보존	1981년5월20일 제10035호		소유자 남 창 강화군 강화읍 용정리 법률제3094호
				부동산등기법시행규칙부칙 제3조 제1항의 규정에 의하여 1998년 12월 31일 전산이기
2	소유권이전	2005년3월28일 제8065호	2005년1월14일 유증	소유자 남 용 490416-******* ~~서울 금천구 시흥동 산 아파트 1-~~

【 을 구 】 (소유권 이외의 권리에 관한 사항)

순위번호	등 기 목 적	접 수	등 기 원 인	권리자 및 기타사항
8	임의경매개시결정	2019년11월5일 제32201호	2019년11월5일 인천지방법원의 임의경매개시결정 (2019타경523)	채권자 이 완 581009-******* 서울 송파구 올림픽로12길 (잠실동)

8	근저당권설정	2010년10월7일 제28199호	2010년10월7일 설정계약	채권최고액 금550,000,000원 채무자 강 회 인천광역시 강화군 불은면 삼성리 근저당권자 이 완 581009-******* ~~서울특별시 송파구 잠실동~~ 공동담보목록 제2010- 호
8-1	8번등기명의인표시 변경		2011년10월31일 도로명주소	이 완의 주소 서울특별시 송파구 올림픽로12길 41(잠실동) 2013년8월19일 부기
9	근저당권설정	2011년1월11일 제859호	2011년1월11일 설정계약	채권최고액 금450,000,000원 채무자 강 회 인천광역시 강화군 불은면 삼성리 근저당권자

〈 표 3-4〉 건물등기사항 전부증명서(말소사항 포함)

[건물] 인천광역시 강화군 강화읍 용정리

【 표 제 부 】 (건물의 표시)

표시번호	접 수	소재지번 및 건물번호	건 물 내 역	등기원인 및 기타사항
1 (전 1)	1988년5월16일	인천광역시 강화군 강화읍 용정리	목조 슬레이트지붕 단층 주택 49.59㎡	도면편철장 제1책123장
				부동산등기법시행규칙부칙 제3조 제1항의 규정에 의하여 1999년 01월 04일 전산이기

【 갑 구 】 (소유권에 관한 사항)

순위번호	등 기 목 적	접 수	등 기 원 인	권리자 및 기타사항
1 (전 4)	소유권이전	1996년4월3일 제6697호	1996년3월29일 매매	소유자 김 기 560910-******* 강화군 강화읍 용정리
				부동산등기법시행규칙부칙 제3조 제1항의 규정에 의하여 1999년 01월 04일 전산이기
2	소유권이전	2004년3월22일 제7857호	2004년3월18일 매매	소유자 김 석 830310-******* 경기도 안양시 만안구 박달동

【 을 구 】 (소유권 이외의 권리에 관한 사항)

순위번호	등 기 목 적	접 수	등 기 원 인	권리자 및 기타사항
~~1~~	~~근저당권설정~~	~~2008년7월24일~~ ~~제23147호~~	~~2008년7월24일~~ ~~설정계약~~	~~채권최고액 금700,000,000원~~ ~~채무자 강 화~~ ~~인천광역시 강화군 불은면 삼성리~~ ~~근저당권자 심 용 551210-*******~~ ~~서울특별시 강서구 등촌동~~ ~~아파트~~ ~~공동담보목록 제2008- 호~~
2	1번근저당권설정등 기말소	2008년7월30일 제23870호	2008년7월30일 해지	
~~3~~	~~근저당권설정~~	~~2010년7월20일~~	~~2010년7월20일~~	~~채권최고액 금1,100,000,000원~~

법정지상권 성립 여부는?

법정지상권이 성립되는 물건일까? 〈표 3-3〉의 토지등기사항 전부증명서 '을'구란에서 최초 저당권설정일을 확인해보니 최초 설정일이 2010년 10월 7일이고, 저당권설정 당시 소유자는 '남궁○웅'으로 확인된다.

법정지상권의 성립요건상 저당권설정 당시 건물이 존재하고 토지와 건물의 소유자가 동일해야 하는데 저당권설정 당시의 건물소유자를 건물등기부등본에서 확인해본 결과, 건물소유자는 '김○석'으로, 토지소유자와 건물소유자가 동일하지 않다는 것을 확인할 수 있다.

등기부 검색 결과, 건물소유권자 '김○석'은 법정지상권의 성립요건인 저당권의 실행으로 소유권을 취득한 것이 아니라 일반적 매매에 의해 저당권설정 당시 이미 소유권을 가지고 있던 것이라 저당권설정 당시 토지와 건물의 소유자가 같아야 하고, 그 저당물이 경매로 토지와 건물소유자가 달라져야 하는 법정지상권의 핵심요건이 충족되지 않기 때문에 법정지상권의 성립요건에 해당되지 않는 것이 등기부등본에서 확인되었다. 그러므로 건물소유자 '김○석'은 법정지상권의 권리로 경매로 취득한 토지매수인에 대해서 그 권리를 주장할 수 없다.

관습법상의 법정지상권 성립 여부는 어찌 될까?

일단 법정지상권 성립은 안 되는데 그렇다면, 관습법상의 법정지상권은 성립되어 있을까? 성립되어 있다면, 또는 된다면 매매로 현재의 건물을 취득한 건물주 '김○석'은 그 권리를 취득했을까? 취득했다면 토지매수인에게 대항할 수 있을까? 반대로 건물주 '김○석'이 법정지상권은 물론, 관습법상 법정지상권의 권리가 없다면, 건물 철거와 토지인도청구를 할 수 있을까?

관습법상의 법정지상권은 법정지상권과는 달리 법률행위 전반에 걸쳐 판례가 폭넓게 인정하는 관계로 법정지상권 성립 여부를 분석한 후에는 반드시 이러한 기본적 권리부터 먼저 살펴봐야 한다.

법정지상권은 '민법 제366조의 규정에 따른 저당물의 경매(임의경매)로 토지와 건물의 소유자가 달라질 것을 요하는 반면, 관습법상 법정지상권은 관습에 따라 행해지는 법률행위나 강제경매, 공매, 매매, 교환, 상속, 증여, 공유물분할 등 임의경매에 의해 소유자가 달라지는 것 외의 원인에 의한 소유자 분리를 판례가 인정하고 있다. 이와 같은 법원 판례를 기준으로 이 물건에 대한 관습법상 법정지상권이 성립하는지를 살펴보자.

〈표 3-4〉 건물등기사항 전부증명서를 보면 건물소유자 '김○기'는 소재 지번상의 건물을 토지 및 건물소유권자인 남궁○창으로부터 매매를 통해 1996년 4월 3일 소유권을 취득한 것을 확인할 수가 있다.

'김○기'는 소유권이전등기를 완료하고 건물을 취득함과 동시에 소유권이 유효하게 변동될 당시 토지 및 건물의 소유자가 동일인 소유였던 관계로 관습법상의 법정지상권의 성립을 배제하는 '철거의 특약이나 토지임대차를 체결했거나, 토지소유자 남궁○창이 건물의 처분권을 갖는 특약'이 없는 이상 건물소유권 취득과 함께 관습법상의 법정지상권까지 취득하게 되고, 그에 따라 사례의 물건은 관습법상의 법정지상권의 성립 여지가 있는 물건이 된다.

'김○기'가 건물은 등기를 하고 관습법상 법정지상권은 등기를 하지 않았더라도 '민법 제187조' 규정에 따라 등기 없이도 물권을 취득하게 된다. 그러나 처분을 하려면 반드시 설정등기를 하고 이전등기를 해야 양수인이 그 권리를 취득한다. 등기부등본의 권리를 살펴보면 소재 지번상의 건물소유권과 관습법상의 법정지상권을 가진 김○기는 2004년 3월 18일 동 번지상의 건물을 '김○석'에게 매매하고 동년 3월 22일 매수인에게 소유권을 이전했다.

여기서 중요한 것은 현재의 건물소유자 '김○석'이 전 소유자 '김○기'로부터 건물소유권과 함께 양도받았을 것이라 해석되는 관습법상의 법정지상권으로, 경매로 토지를 취득한 매수인에 대해 그 권리를 주장할 수 있느냐 하는 것이다.

결론적으로 이야기하자면 '김○석'은 관습법상의 법정지상권으로 토지를 취득한 매수인에게 그 권리를 주장하지 못한다. '민법 제187조'에 의하면 상속, 공용징수, 경매, 판결, 기타 법률의 규정에 의한 부동산에 관한 물권의 취득은 등기를 요하지 않는다. 그러나 등기를 하지 않으면 처분을 할 수 없도록 규정하고 있다.

참고로 기타 법률의 규정에 의해 등기를 하지 않고도 부동산 물권을 취득하는 권리를 살펴보면, 법정지상권, 관습법상 법정지상권, 유치권, 신축건물의 소유권 취득, 점유권, 제한물권의 존속기간 만료, 대위에 의한 저당권이전 등이 있는데, 이러한 것들이 경매 물건에서 자주 등장하는 물권이다.

이와 관련된 판례를 살펴보면, '관습상 법정지상권이 붙은 건물의 소유자가 건물을 제삼자에게 처분한 경우에는 법정지상권에 관한 등기를 경료하지 아니한 자로서는 건물의 소유권을 취득한 사실만 가지고는 법정지상권을 취득하였다고 할 수 없어 토지소유자에게 지상권을 주장할 수 없고 그 법정지상권은 여전히 당초의 법정지상권자에게 유보되어 있다고 보아야 한다.' (대법원 1995. 4. 11. 선고 94다39925 판결)

이와 같은 민법 규정이나 판례를 비추어 보건대 〈표 3-2〉 사례의 물건에 있어서 건물소유자였던 김○기는 등기 없이 관습법상 법정지상권은 취득했지만, 제삼자에게 처분 시에는 '민법 제187조' 규정에 따라 반드시 설정등기를 하고 이전등기를 해야 하는데 건물등기부등본의 '을'구란을 보면 등기를 하지 않고 건물소유권만 이전한 것을 확인할 수가 있다.

그러므로 현재 건물소유자 김○석은 전 소유자로부터 건물소유권은 이전받았으나 관습법상의 법정지상권은 승계받지 못해 그 권리를 주장할 수가 없다는 것이다.

관습법상의 법정지상권의 권리가 없어 토지소유자에게 대항할 수 없는 현 건물소유자 '김○석'에게 그 이유로 건물 철거나 토지인도청구가 가능할까?

한마디로 말하면, 허용되지 않는다. 채권적 합의로 양도를 받았다지만 등기가 안 된 이유로 승계받지 못해 토지소유자에게 그 권리를 주장할 수 없다는 것이 법과 판례의 한결같은 입장이다. 하지만 그렇다고 그런 이유만으로 토지소유자의 건물 철거나 토지인도청구를 하는 것은 허용하지 않는다는 것이 대법원 판례다.

대법원은 이러한 법정지상권을 취득할 지위에 있는 새로운 건물소유자를 상대로 법정지상권이 설정되어 있지 않다는 이유로 토지소유자가 건물 철거를 청구하는 것은 신의칙상 허용되지 않는다고 판시하고 있고, 이것은 관습상 법정지상권의 경우에도 통용된다고 선고했다. (대법원 1988. 9. 27. 선고 87다카279 참조)

이러한 판결은 현재까지도 유지되고 있는데 물권은 채권에 선행하는 원칙이 무시되는 즉, 새로운 건물소유자의 법정지상권 이전등기청구권이라는 채권적 청구권이 토지소유자의 소유권, 즉 물권에 우선하는 판례인 셈이다.

법원 판례를 분석해보면 법정지상권자의 권리를 가진 자가 건물을 제삼자에게 양도하는 경우에는 특별한 사정이 없는 한 건물과 함께 법정지상권도 양도하기로 하는 채권적 계약이 있었다고 보고, 단지 건물의 양수인이 법정지상권에 대한 등기를 하지 않아서 토지소유자에게 법정지상권의 권리주장을 할 수 없다 하더라도, 토지소유자에 대한 관계에 있어서는 적법하게 토지를 점유사용하고 있는 자로 보는 것이 판례의 입장이다.

그러므로 건물에 대한 법정지상권의 권리가 누구냐는 상관없이 대상 물건 자체에 법정지상권의 권리가 있다면, 사회·경제적 이익을 고려해 건물 철거나 토지인도청구에 대해서는 허용하지 않고 오히려 토지소유자는 건물소유자에 대해 법정지상권의 부담을 용인하고 건물의 전 소유자나 현 소유자에게 설정등기 및 이전등기절차를 이행할 의무가 있다고 주문하고, 또한 지상권갱신청구권의 행사를 할 수 있다 판시했는데, 다음의 판례를 참조해보자.

법정지상권이 붙은 건물을 양수한 자가 건물의 전 소유자를 대위해 지상권갱신청구권을 행사할 수 있는지 여부

'양수인은 양도인을 순차 대위해 토지소유자 및 건물의 전 소유자에 대해 법정지상권의 설정등기 및 이전등기절차이행을 구할 수 있고, 법정지상권이 붙은 건물의 양수인은 법정지상권에 대한 등기를 하지 않았다 하더라도 토지소유자에 대한 관계에서 적법하게 토지를 점유사용하고 있는 자라 할 것이고, 따라서 건물을 양도한 자라고 하더라도 지상권갱신청구권이 있고 건물의 양수인은 법정지상권자인 양도인의 갱신청구권을 대위행사 할 수 있다고 보아야 할 것이다.' (대법원 1995. 4. 11. 선고 94다39925 판결문 참조)

결국은 대상 건물이 법정지상권이나 관습법상 법정지상권이 성립되어 있는 이상 양도인이 등기 없이 양수인에게 이전했다는 이유만으로는 건물을 철거하거나 토지인도를 허용하지 않고 오히려 그 권리를 취득할 자격이 있는 양수인에게 등기이전은 물론, 지상권갱신청구권까지도 할 수 있도록 하는 것이 한결같은 법원의 결정이다.

법정지상권의 존속기간을 헤아려보자

법정지상권이나 관습상 법정지상권의 존속기간은 얼마나 될까? 법정지상권과 관습상의 법정지상권은 특별한 사정이 없는 한 '민법 제280조'의 지상권에 관한 규정이 준용되므로, 그 존속기간은 '존속기간을 약정하지 아니한 지상권'(민법 제281조)으로 보아 지상권의 존속기간(민법 제280조)을 기준으로 한다.

법정지상권의 존속기간은 통상 계약에 이루어지는 약정지상권의 존속기간 중 정함이 없는 경우를 준용해 법정최단기간이 적용되는 것이다. 건물의 견고성이나 보존 유지 상태가 아무리 좋아도 존속기간이 만료되고 계약갱신이 되지 않으면 기간만료로 소멸된다.

'민법 제280조'에서 정한 약정한 지상권의 최단존속기간에 관해 살펴보면, '석조, 석회조, 연와조 또는 이와 유사한 견고한 건물이나 수목의 소유를 목적으로 하는 때에는 30년, 그 이외의 건물 소유를 목적으로 하는 때에는 15년, 건물 이외의 공작물 소유를 목적으로 하는 때에는 5년보다 단축하지 못한다'라고 정하고 있다. 이 같은 규정은 강행규정으로 법에서 정한 기간보다 단축된 기간일 경우 연장할 수 있다고 규정하고, 지상권의 존속기간이 정하지 않은 때는 최단존속기간이 적용된다.

법정지상권 존속기간의 기산일은 언제부터?

존속기간의 기산일에 대해서도 확실히 알고 가자. 법정지상권은 동일 소유자에 있던 건물과 토지에 대한 소유권이 분리되는 때 즉, 등기하지 않아도 물권을 취득하는 '경매는 잔금 납입일'에 '매매일 경우에는 등기접수일'이 법정이나 관습상 법정지상권 존속기간의 기산점이 된다. 그때부터 기산해 15년, 내지는 30년 동안 법정지상권이 존속된다. 그럼에도 불구하고 법정지상권 성립 이후에 토지 내지 건물을 경매나 매매 등으로 취득했을 경우, 이때를 기산점으로 잘못 알고 있는 경우가 적지 않다.

사례의 물건의 존속기간은 어떠한지 살펴보자

〈표 3-4〉 건물등기사항 전부증명서를 보면 건물소유자 '김○기'가 소재 지번상의 건물을 토지 및 건물소유권자인 남궁○

창으로부터 매매를 통해 1996년 4월 3일 소유권을 취득한 것을 확인할 수가 있다. 바로 이 1996년 4월 3일이 소유권 등기가 이루어진 날로부터 관습법상의 법정지상권의 성립일로, 이 날부터 기산이 시작된다.

사례 물건 건축물관리대장상의 구조는 목조 슬레이트 지붕 단층주택이다. '민법 제280조'의 규정이나 판례에서 판시한 존속기간을 살펴보니 석조, 석회조, 연와조 또는 이와 유사한 견고한 건물이나 수목 등 견고한 건물이 아닌 목조주택은 15년이다.

계산이 간단하다. 경매 기본 정보를 보니 입찰일이 2020년 9월 24일이고 당일 최고가매수인이 선정되고 낙찰된다면 통상 1개월 후에 잔금 납입일이 되는데, 잔금이 정상적으로 납부가 되면 납입일인 2020년 10월 24일에 등기와는 상관없이 토지를 취득하게 된다.

기산일을 계산해보면 최초건물매수인 김○기의 소유권 취득일에서 잔금 납부일까지를 계산해보니 24년 6월이 지나 해당 건물의 관습법상 법정지상권의 존속기간인 15년을 훌쩍 지나 존속기간이 소멸한 것을 쉽게 확인할 수가 있다. 존속기간의 계산은 이런 방법으로 하면 된다.

그러므로 사례 물건은 존속기간의 경과로 관습법상 법정지상권이 소멸한 물건으로, 관습법상 법정지상권의 권리자인 전

건물소유자 김○기와 현 건물소유자 김○석은 토지의 취득자에게 대항할 수 없다는 결론이다.

그런데 김○기가 건물을 취득할 당시는 공부상이나 실제 현황상이나 목조 슬레이트 지붕 구조였는데 현장답사를 해보니 외벽이 연와조로 개축된 것으로 확인되는데, 이런 경우의 존속기간을 견고한 건물로 보느냐, 목조건물로 보느냐 하는 구조상의 변화에 의한 존속기간도 살펴보아야 한다.

법정지상권이 성립한 후에 구 건물을 개축·증축하거나 재축·신축한 경우, 법정지상권의 범위

법정지상권이 성립한 이후 건물의 종류나 구조가 성립 당시와는 다른 경우가 실무에서 많이 발생하고 그에 따른 소송 또한 끊이질 않고 있는 것이 현실이다. '법정지상권이나 관습법상의 법정지상권이 성립한 후에 건물을 개축 또는 증축하는 경우는 물론 건물이 멸실되거나 철거된 후에 신축하는 경우에도 법정지상권은 성립하나, 다만 그 법정지상권의 존속기간, 범위는 구 건물을 기준으로 해서 그 유지 또는 사용을 위해 일반적으로 필요한 범위 내의 대지 부분에 한정된다. (대법원 1990. 7. 10. 선고 90다카6399 판결)

'법정지상권의 인정 범위 및 존속기간에 관해 보건대, 관습상의 법정지상권이 성립한 후에 건물을 개축 또는 증축하는 경우는 물론 건물이 멸실되거나 철거된 후에 신축하는 경우에도 법정지상권은 성립하되, 그 내용인 존속기간·범위 등은 구 건물을 기준으로 해야 할 것이다.' (서울고등법원 2008. 7. 4. 선고 2007나24659)

이 두 사건의 판례를 비추어 보건대, 사례의 물건은 성립 당시와 현재 건물의 구조가 개축으로 달라졌다 해도 성립 당시, 목조건물인 만큼 그 존속기간은 15년이 기준이 된다. 그러므로 개축이되 연와조의 견고한 건물이라 하더라도 존속기간 만료로 관습법상의 법정지상권은 소멸되었다 할 것이다. 존속기간의 만료 후 소멸청구를 하지 않았다 해서 존속기간이 그대로 진행되는 것은 아니다. 법정지상권은 임대차처럼 묵시적 갱신으로 기간이 연장되지 않고 갱신계약을 해야 한다. 갱신계약이 되면 법정최단존속기간이 적용된다.

존속기간 만료로 인한 토지인도 방법은?

사례의 물건은 존속기간의 만료로 관습법상 법정지상권이 소멸됐다. 등기부등본을 분석해보니 건물에 대해 강제경매 신청 등의 권리행사를 했던 것으로 보아 지료 미납으로 신청한 것으로 추정되는데, 이런 상황으로 미루어 보건대 갱신계약이 없는 것으로 보이고 실무에서도 보면 갱신계약을 하는 사례는 거의 없다. 눈엣가시 같은 지상의 권리를 연장해주는 바보 같은 토지소유자는 없다는 말이다.

그렇다면 토지 취득자는 어찌해야 할까? 방법은 네 가지로 함축된다.

첫 번째는, 건물 철거청구를 하는 것이다.

두 번째는, 건물을 매입하는 것이다.

세 번째는, 적정지료를 받는 것이다.

네 번째는, 토지를 건물소유자에 파는 것이다.

어떤 방법을 선택할 것인지는 사례의 물건을 취득한 목적에 따라 토지취득자가 선택할 몫이다. 각각의 방법에 대해 종합적으로 알아보도록 하자.

관습법상 법정지상권의 소멸로 인한 건물 철거 및 토지인도 청구는 토지소유자의 당연한 권리로 가능하다. 그러나 반대로 존속기간의 만료 시에 토지소유자의 이와 같은 청구에 그대로 있을 건물소유자는 없다. 어떤 방법으로든 대항하는데, 그중 민법 규정에 의한 방법을 살펴보자.

'민법 제283조1항'의 규정에 따르면 존속기간의 만료로 법정지상권이 소멸하는 경우에 건물이 현존한 때에는 토지소유자에 대해 존속기간을 갱신할 수 있도록 '계약갱신청구권'을 부여했고, 토지소유자가 갱신을 거절할 때는 '상당한 가액'으로 건물을 사가라고 청구할 수 있는데 그 규정이 '민법 제283조 제2항'의 '지상물매수청구권'이다.

토지소유자가 건물 철거 및 토지인도와 함께 토지사용에 대한 부당이득금까지도 납부하라는 소송을 제기하게 되면 법정지상권을 상실한 건물소유자 입장에서는 이와 같은 민법상의 권리를 주장할 것이다.

법정지상권자가 가지는 '지상물매수청구권'은 법원의 판결 없이도 그대로 적용되는 형성권이므로 법정지상권자의 지상물매수청구가 있으면 토지소유자는 거부할 수가 없고 반드시 건물을 매수해야 한다. 따라서 토지주가 건물 매입을 거부하는 경우에는 건물주에게 매매대금청구권이라는 권리가 발생해 그 권리로 토지에 가압류를 걸고 경매 신청까지도 할 수가 있으므로 이러한 매수청구가 있을 때는 소홀히 하지 말고 적극적으로 대처해서 매입해야 한다.

그렇다면 얼마에 매수해야 할까? 매수가격 산정이 숙제 거리다. 법 규정을 보면 '상당한 가액'이라는 다소 애매한 가액 산정의 말이 나오는데, 기준은 어디에 두고 하라는 건지 모호하다.

상호 간의 합의에 의한 가격이 상당한 가격이 될 수도 있는

데, 실무에서 보면 대부분 가액의 차이가 심해 합의가 안 되는 경우가 많아 소송으로 이어지게 되는 경우가 비일비재하다. 결국은 법원에서 정해지는 감정가격이 매수가격으로 정해지게 된다. 그렇지만 시간도 많이 소요되는 등 소송에 어려움이 많이 따르는 만큼 금액에 대한 갭이 많지 않다면 최대한 합의에 의해 매수하는 것이 바람직하다. 반대로 시세차익을 목적으로 매입했다면 토지를 건물주에게 매각하는 방법도 염두에 두고 협의를 진행하는 것도 괜찮다. 그러나 이미 철거소송 등이 제기되어 있다면 철거비용 산정을 위한 감정가격이 정해지고 결국은 그 가격도 상당한 가액이라 할 수 있는 매수가격이 된다고 보면 된다.

지료에 대해 알아보자

토지사용에 대한 지료를 바라고 지상의 권리를 상당한 기간 행사를 못 하는 법정지상권이 걸린 토지를 취득하는 사람은 없을 것이다. 대부분이 시세차익을 보고 어렵고 난해한 특수 물건에 참여하고 도전한다. 결국은 법정지상권의 권리를 해소하고 토지 또는 건물에 대해 온전한 권리행사를 하기 위해 그 방법들을 찾고 해결하는 것이 핵심이다. 그런 맥락에서 지료에 대해서도 알아보자.

지료의 결정 방법

법정지상권에서 지료 결정의 원칙은 당사자 간의 합의에 의해 결정되는 것이 원칙이다. 그러나 서로 합의가 되지 않는다면 당사자 중 일방이 청구할 수 있지만, 통상 토지소유자가 법원에 지료청구소송을 제기하게 된다. 지료의 산정은 감정평가사의 감정가격을 기준으로 법원이 결정하게 되는데, 집행법원마다 약간의 차이가 있지만 대체로 토지감정 평가금액의 5~7% 선에서 결정되고 있다.

지료연체에 의한 법정지상권의 소멸

'민법 제287조'에서 보면 지상권자가 2년 이상의 지료를 지급하지 아니한 때에는 지상권설정자(토지소유자)는 지상권의 소멸을 청구할 수 있다고 규정하고 있다. 지료의 결정은 당사자 간의 합의에 의하거나 법원의 판결에 의해 결정된다. 법원의 확정판결은 소급효가 있어 법정지상권의 성립 시부터 지료지급의 의무가 발생이 되고, 판결 전, 후 합산 2년분의 지료연체가 있으면 상당한 기간(통상 2~4개월)이 경과한 후 지상권의 소멸을 청구할 수 있다.

'2년 이상이라 함'은 연속개념이 아닌 통산개념이다. 지료의 납입 기준이 월 단위든 연 단위든 연체한 지료의 합계액이 2년분에 해당하는 것을 말한다. 따라서 여러 번에 걸쳐 일부씩 연체한 지료의 합계액이 2년분의 지료금액에 달하면 지상권설정자는 지상권의 소멸을 청구할 수 있다.

여기서 중요한 점은 존속기간만료로 지상권의 소멸을 청구할 시 지상권자가 '지상물매수청구권'이라는 형성권이 발생하는 데 반해 지료연체에 의한 지상권소멸청구를 하면 지상권자의 '지상물매수청구권'이 인정되지 않는다는 것이다.

이에 대한 판례를 살펴보면 '지상권자의 지료연체를 이유로 토지소유자가 그 지상권소멸청구를 해 이에 터 잡아 지상권이 소멸된 경우에는 매수청구권이 인정되지 아니한다(대법원 1993. 6. 29. 선고 93다10781 판결 참조)'라고 판시했다. 이렇게 지상권이 소멸하면 지상권자는 건물을 수거하고 토지를 원상에 회복해야 하고 지상권설정자가 상당한 가액을 제공해 매수를 청구한 때에는 거절할 수 없다. (민법 제285조 참조)

토지 전 소유자에 대한 지료연체 시 합산 여부

지료연체는 실무에서 빈번하게 일어나는 일이다. 건물소유자에게는 법정지상권의 권리를 주어 사회·경제적 이익을 갖게 하는 반면, 지료를 2년 이상 연체 시는 지상물매수청구권을 인정하지 않는 규정을 보면 토지소유자를 보호하려는 형평성을 고려한 법 취지로 보인다. 그런데 경매 실무에서 보면 건물에 법정지상권성립이 되어 있는 토지라도 지료가 연체 중이거나 이미 2년 이상의 지료가 연체된 물건을 자주 접하게 된다. 그렇다면 토지의 매수인이 종전의 토지소유자에 대한 법정지상권자의 지료지급의 연체기간을 합하거나 2년 이상 연체되었음을 이유로 지상권소멸청구를 할 수 있을까? 판례에서 답을 구해보자.

'2년 이상의 지료 체납으로 인한 소멸청구와 관련해 지료액 또는 그 지급 시기 등 지료에 관한 약정은 이를 등기해야만 제삼자에게 대항할 수 있으므로, 지료의 등기를 하지 않은 이상 토지소유자는 구 지상권자의 지료연체 사실을 들어 지상권을 이전받은 자에게 대항하지 못한다.' (대법원 1996. 4. 26. 95다52864 판결).

'법정지상권의 경우 당사자 사이에 지료에 관한 협의가 있었다거나 법원에 의해 지료가 결정되었다는 아무런 입증이 없다면, 법정지상권자가 지료를 지급하지 않았더라도 지료지급을 지체한 것으로는 볼 수 없다.' (대법원 1996. 4. 26. 선고 95다52864 판결)

'지상권자의 지료지급연체가 토지소유권 양도 전후에 걸쳐 이루어진 경우, 토지양수인에 대한 연체 기간이 2년이 되지 않는다면 양수인은 지상권소멸청구를 할 수 없다.' (대법원 2001. 3. 13. 선고 99다17142 판결)

설사, 토지소유자와 지상권자 사이에 지료를 지급하기로 약정하였다고 하더라도, 그 약정은 당사자 간에는 유효할 뿐, 등기하지 않은 상태에서 지상물의 소유권이 이전되면 새로운 소유자에 대해서는 종래의 지료약정을 주장할 수 없다는 것이다.

이러한 지료에 관한 내용으로 사례 물건을 분석해보면 토지나 건물등기부등본상에 지료액이나 지급 시기 등 지료약정에 대한 등기가 없다는 것을 확인할 수가 있다.

따라서 앞의 사례의 물건은 설령 건물소유자 김○석이 현 소유자 남궁○웅에게 지료를 연체 중이거나 2년 이상 지체를 했다 하더라도 그 이유로는 토지매수인이 지상권소멸에 의한 건물 철거나 토지인도청구는 할 수 없고 매수인이 지료연체를 원인으로 토지인도를 받으려면 경매 대금은 완납 후 김○석과 합의하거나 합의가 안 될시 지료판결을 받은 후, 지료지급이 2년 이상 연체된 경우에야 지상권소멸청구나 그에 따른 철거나 토지인도청구가 가능하다는 결론이다.

미등기·무허가건물의 권리관계

무허가건물이나 미등기건물도 일정한 요건만 갖추면 법정지상권이나 관습법상 법정지상권이 성립된다 했다. 이렇게 등기가 안 된 건물들이 경매에 나오는 경우가 많으나 그 성립요건에 대한 기본적 내용만 학습되었다면, 성립에 대한 식별은 그리 어렵지 않고 단지 미등기나 무허가건물의 소유자 소재 파악이나 협의 대상자의 선별, 향후 토지인도나 건물 철거 등에 대한 사전 분석을 충분히 하면 된다.

앞에서 이야기한 바와 같이 '민법 제187조'의 규정을 보면 '상속, 공용징수, 판결, 경매 기타 법률의 규정에 의한 부동산에 관한 물권의 취득은 등기를 요하지 아니한다. 그러나 등기를 하지 않으면 처분하지 못한다'라고 규정되어 있다.

동일인 소유의 토지나 미등기건물 또는 무허가건물이 상속, 매매, 경매 등 부동산물권 변동의 원인으로 소유를 달리하면 관습법상 법정지상권이나 법정지상권이 발생하는데, 이런 경우 그 권리는 누구에게 있을까? 답이 너무 쉽다.

미등기나 무허가건물의 양도가 아무리 여러 차례 있었어도 양수인에게는 처분권만 있을 뿐 건물에 대한 소유권과 법정지상권이나 관습상 법정지상권의 권리는 언제나 원시취득자인 양도인에게 있다. 소유권은 물론 기타 부동산물권 즉, 법정지상권이나 관습상의 법정지상권도 이전등기를 받지 않는 이상 소유권을 취득할 수 없기 때문이다.

이 같은 경우는 등기된 건물에 있어 법정이나 관습상 법정지상권의 권리를 등기 없이 이전했을 때 건물소유권자가 권리를 취득하지 못하는 바와 같지만, 건물은 등기를 통해 소유권을 취득하는 데 반해 미등기나 무허가는 등기하지 않으면 처분할 수 없다는 민법 규정에 따라 미등기나 무허가건물의 소유권 역시 원시취득자의 소유로 보고 일부 지자체에서 미등기나 무허가에도 재산세 등 세금을 부과하는 경우에는 원시취득자 명의로 관리하는 경우가 있다.

'미등기건물을 그 대지와 함께 매수한 사람이 그 대지에 관해만 소유권이전등기를 넘겨받고 건물에 대해서는 그 등기를 이전받지 못하고 있다가, 대지에 대해 저당권을 설정하고 그 저당권의 실행으로 대지가 경매되어 다른 사람의 소유로 된 경우에는 그 저당권실행 당시에 이미 대지와 건물의 소유가 각각 다른 사람 소유에 속하고 있으므로 법정지상권의 성립될 여지가 없다.' (대판2002. 6. 20. 2002다9660)

'미등기·무허가건물의 양수인이라 할지라도 그 소유권이전등기를 경료 받지 않는 한 건물에 대한 소유권을 취득할 수 없고 그러한 건물의 취득자에게 소유권에 준하는 관습상의 물권이 있다고 볼 수 없다.' (대판 1996. 6. 14. 94다53006)

미등기·무허가건물소유자 확인서류

토지와 건물의 소유권이나 기타 물권에 관한 사항을 확인하기 위해서는 등기사항 전부증명서로 확인이 된다. 등기가 없는 토지는 없다 할 수 있지만, 건물은 등기가 없는 경우가 많다. 그런 건물이 미등기 또는 무허가건물이다.

법정지상권이나 관습법상 법정지상권의 성립 여부는 근저당 설정 당시나 처분 당시의 토지나 건물소유자의 동일성 여부가 중요한데 건물등기가 되어 있으면 권리확인이 간단하지만, 등기가 없는 경우가 신경 쓰인다.

미등기인 경우에는 단지 등기만 안 되어 있을 뿐 정상적인 건축허가를 받고 지어진 건물이라 보면 된다. 건축물관리대장을 통해 건물의 구조, 주용도, 면적, 허가일자, 사용승인일자 등 건축물의 모든 현황과 최초 건물취득자(건축주)와 소유자의 변경사항 등을 쉽게 알 수가 있어 토지등기부등본 또는 토지대장과 건축물관리대장상의 소유자와의 동일성 여부를 쉽게 확인할 수가 있다. 그러나 허가나 신고도 없이 불법으로 건축한 무허가건물은 건축허가서는 물론 건축물관리대장도 등기도 없어 확인하기가 쉽지 않다.

이 같은 무허가건물이 토지저당권설정 당시나 처분 당시 소유자가 누구냐를 판단하기 위해서는 우선 건축물관리대장 발급신청을 하거나 열람을 통해 확인해야 한다. 모든 무허가건물이 다 확인되지는 않겠지만, 누군가가 무허가건물로 해당 관청에 신고한 경우라면 관청은 현장 확인 후 원상복구 명령을 하게 된다. 원상복구명령을 받고도 이행하지 않는다면 건축물관리대장에 위반건축물로 등재하면서 이행강제금을 부과하게 된다.

이러한 처분을 받은 집주인은 원상복구를 시키거나 아니면 이행강제금을 부과받을 수밖에 없다. 이같이 무허가건물로 신고가 되거나 관의 조사에 의해 적발된 경우라면, 아래의 참고자료와 같이 위반건축물로 표기된 건축물관리대장으로도 소유자나 건축일자 등을 확인할 수도 있다.

참고자료

일반건축물대장(갑)

위반건축물

호 | 명칭 | 호수

지번 | 도로명주소

변동일 | 변동내용 및 원인

건축법 위반

에 따른 위반건축물 표시

- 이하여백 -

건축물관리대장을 통해서 근거를 확인할 수 없을 때는 시, 군, 구나 면 또는 주민자치센터에서 무허가건물확인원 신청을 통하거나 멸실 건축물관리대장을 확인한다거나 여의치 않으면 비록 건축허가를 받지 않은 불법 또는 무허가 건축물이라고 하더라도 과세 대상에 포함이 되므로 관할청에 취득세 또는 재산세과세내역을 신청해서 확인하는 방법도 있다. 또한, 국토정보지리원사이트에서 당시의 항공사진을 요청해서 확인하거나 근저당을 설정한 금융기관에 설정 당시 건물의 존재 여부 및 가건물이 있을 시 소유자에 관한 사항도 확인 요청하는 등 다양한 방법으로 법정지상권 성립 여부를 증명하면 된다.

지금까지 법정지상권과 관습법상의 법정지상권에 대해 알아봤다. 이렇게 까다롭고 어려운 권리를 학습하는 이유는 학문적 지식을 습득하기 위해서라기보다는 치열하게 다투는 경매 시장에서 비교적 적은 경쟁자를 두고 위험과 어려움을 감수하는 만큼의 수익을 올려보려는 마음에서 접근하는 것이다.

'민법 제366조'는 건물을 보호하기 위해 요건을 갖춘 경우 지상권을 인정하는 규정이다. 그 건물이 보호를 받는지, 못 받는지의 분석이 만만치 않고 누적된 판례가 부지기수다. 양파 껍질 까듯 얼마나 까봐야 알 수 있을까? 그런데 많이 알려고 하면 더 어려워진다.

특수 물건의 권리분석은 어렵긴 어렵다. 그렇다고 어려운 채로 지속할 필요는 없다. 어렵다고 생각하면, 다시 말해 성립요건이 복잡하고 알쏭달쏭해서 잘 모르겠다고 생각되면 그 물건은 나쁜 물건이고 내게 안 맞는 물건이라 보고 버리고 가면 된다.

그러나 버릴 때 버리더라도 버리기 전에 다시 한번 새기고 갈 것이 있다. 법정지상권이나 관습상 법정지상권이 성립하지 않는 세 가지 요건은 확실하게 알아야 한다.

첫째, 근저당설정 당시나 처분 당시 토지나 건물소유자 다르면 성립이 안 된다는 것, 둘째 저당권설정 이후에 건물을 지으면 성립이 안 된다는 것, 셋째 토지와 미등기건물을 매입하면 성립이 안 된다는 것이다. 지상권 관련 법원경매 물건의 90% 이상이 이 세 가지 요건과 관련이 있다.

이 세 가지 요건을 대입해서 분석해보면 입찰 여부에 대해 윤곽이 그려지고, 그다음 단계의 분석으로 이어가 자금 확보 방안, 건물의 철거나 매입 방안, 토지 또는 건물의 매도 등 낙찰 후의 방안에 대해 구체적 계획을 세우고 접근하면 특수 물건이라 해서 마냥 어렵지는 않을 것이다.

Part 04

분묘기지권

01 분묘기지권, 어떻게 발생하나요?

산 자보다 죽은 자를 대하기가 더 어려운 경우가 있다. 바로 죽은 영령이 묻혀 있는 묘지다. 산을 찾다 보면 임야나 전, 답, 과수원 등 군데군데 양지바른 곳에는 여지없이 묘가 눈에 띈다. 설령 남의 땅에 묘를 쓴다 해도, 기운이 좋고 양지바른 곳을 택해 떡하니 자리 잡고 있다. 그래서 묘가 있는 땅은 쓸 만한 가치가 있는 땅인 경우가 많다.

관리가 잘된 묘도 보이고 잡초가 무성한 그런 묘도 있고 오랜 세월이 지나 평장에 가까운 묘들도 보인다. 그러나 묘지의 상태가 어떠하든 일단 타인의 토지에 분묘가 설치되어 있으면, 불법이거나 무연고 분묘라 할지라도, 조상숭배의 미풍양속에 따라 분묘를 설치하고 이를 수호하고 관리하는 오랜 풍습과 관습에 근거해 일정한 요건을 갖춘 경우, 관습법과 판례, 그리고 '장사 등에 관한 법률'에서 인정하는 물권법상의 권리가 발생한다. 이러한 권리가 '분묘기지권'이다.

토지소유자의 허락 여부와 상관없이 타인의 토지에 분묘를 설치하게 되면 그 분묘를 소유하기 위해 분묘의 기지 부분인 토지를 사용할 수 있는 권리가 발생하고 이러한 권리는 오랜 관습과 판례, '장사 등에 관한 법률'에 의해 인정해주는 법정지상권과 비슷한 개념의 물권이다. 그러나 봉분의 형태가 객관적으로 분묘의 존재를 인식할 수 있는 형태를 갖추고 있어야 권리가 발생하고 인정을 받을 수 있다.

근래에는 흔치 않지만, 부모님이나 가족 친척 등을 위해 미리 만들어놓는 경우가 있는데 이러한 가묘라든지, 봉분의 흔적이 없는 평장이나 암장 등 객관적으로 인식할 수 있는 외형을 갖추고 있지 않으면 분묘기지권으로 인정되지 않는다. 반드시 봉분이 있어야 하고 실질적으로 유골, 유해, 유발 등 시신을 매장한 분묘라야 분묘기지권이 발생한다.

조상숭배의 방법에 대한 사회적 인식의 변화와 환경적 요인 등으로 인해 매장 문화에서 납골당 또는 수목장으로 장사 문화가 바뀌는 추세라 산이나 들에 묘지가 줄어드는 것이 요즘의 사회적 현상이다. 그러나 아직도 산과 들에서는 분묘가 설치되고 있고, 오래전부터 산 주인의 허락 없이 설치된 산소의 분묘기지권으로 인한 사유재산의 침해에 대한 사회적 분쟁은 끊이지 않고 있어 법 개정이 시급하다.

이렇게 어떤 계약이나 특별한 약정도 없이 쉽게 발생된 분묘기지권이 경매로 취득 시에 어떤 문제가 있고 그 문제를 어떻게 해결해야 하는지 등에 대해 자세하게 알아보도록 하자.

02 분묘기지권의 성립요건과 설치기간

분묘기지권의 성립요건

산과 들에 외부에서 산소라고 인식할 수 있는 봉분이 있다해서 모두가 분묘기지권의 권리가 주어지는 것은 아니다. 법정지상권에 있어서 그 권리가 성립하려면 일정한 요건이 충족되어야 권리를 취득할 수 있듯이 분묘기지권에서도 성립하기 위한 요건이 있다.

분묘기지권 성립요건에 관해서는 '매장 및 묘지에 관한 법률'이 폐지되고 '장사 등에 관한 법률'로 전부 개정되었다. 제정 전과 제정 후에 중요하게 달라진 점이 있다.

'장사 등에 관한 법률' 제정 전(2001. 1. 12까지)

첫 번째로 소유자의 승낙을 얻어 그 소유지 안에 분묘를 설치한 경우다. 남의 땅에 묘를 함부로 써서는 안 되지만 승낙을 받아 묘지를 설치했을 경우에는 분묘기지권을 취득한다. (대판 67다1920)

두 번째로는 타인 소유의 토지에 소유자의 승낙 없이 분묘를 설치한 뒤 20년간 평온·공연히 그 분묘의 기지를 점유해 시효취득한 경우를 들 수 있다. (대판 68가 1927 등)

세 번째로는 자기 소유의 토지에 분묘를 설치한 자가 후에 그 분묘기지에 대한 소유권을 유보하거나 분묘를 따로 이장한다는 특약 없이 토지를 매매 등으로 처분한 경우다. (대판 67다 1920)

이것은 관습법상 법정지상권의 법리를 유추 적용한 것이다. 분묘가 소재한 토지가 매매 등으로 처분된 시점에 분묘기지권이 성립한다.

이처럼 '장사 등에 관한 법률' 제정 전에는 종전법과 판례를 적용해 세 요건 중 어느 조건 한 가지라도 성립되어 분묘기지권을 취득하게 되면, 존속기간의 제한이 없이 분묘가 존재하고 관리가 이어지면 영구적으로 권리를 갖게 된다.

'장사 등에 관한 법률' 제정 후(2001. 1. 13부터)

그러나 2001년 1월 13일부터 시행된 '장사 등에 관한 법률(이하 장사법)'에서는 제정 전 성립요건인 '토지소유자의 승낙' 또는 '자기 소유 토지에 분묘설치 후 특약 없이 토지만을 타인에게 처분 시'에만 분묘기지권을 인정하고 '시효취득에 의한 분묘기지권의 성립'을 인정하지 않고 있다. 불법으로 설치하는 분묘에 대한 시시비비를 없애고 토지소유자를 보호하려는 측면과 무분별하게 훼손되는 자연환경을 보호하기 위한 법 취지로 보인다.

'장사법' 개정의 주요 내용을 살펴보면 그동안 관습과 판례로 인정해오던, 불법으로 남의 땅에 묘지를 설치하고 20년 이상 평온·공연하게 분묘를 수호하고 관리하면 인정해주던 분묘기지권을 2001년 1월 13일 이후에 설치된 분묘에 대해서는 토지소유자, 묘지설치자 또는 연고자의 허락을 받지 않고 설치되었을 경우, '장사법' 위반 사유에 해당되어 시효를 이유로 분묘기지권을 땅 주인에게 주장할 수 없도록 한 부분이다.

이처럼 불법으로 설치된 묘지에 대해서는 시효취득을 인정하지 않음은 물론 토지소유자 등에게 분묘를 관할하는 시장, 군수의 허가를 받아 개장할 수 있도록 했다는 것이다. (장사법 제27조 1항, 3항 참조)

분묘기지권의 설치기간

분묘기지권은 지상권과 유사한 물권이지만 분묘기지권의 설치기간은 '민법'의 지상권 존속기간은 따르지 않고 '장사법' 시행 전과 후의 약정에 따라 그 설치기간이 다르다.

장사법 제정 이전에 설치된 분묘의 설치기간

토지소유자의 승낙을 얻어 분묘를 설치하고 존속기간을 정한 경우. 그 약정기간 동안 분묘기지권이 존속한다. 그러나 약정을 하지 않았거나 토지소유자의 승낙 없이 불법으로 분묘를 설치하고 시효취득을 한 경우에는 묘지관리자가 분묘를 수호관리를 하고 분묘가 존속하는 한 존속기간의 제한 없이 영구적이다. 산과 들에 흩어져 있는 상당수의 산소가 시효취득으로 인해 분묘기지권을 취득한 경우가 많다.

장사법 제정 이후에 설치된 분묘의 설치기간(2001. 1. 13 이후)

2001년 1월 13일부터 시행된 장사법은 분묘의 설치기간을 15년으로 제한하고 15년씩 3회에 한해 설치기간의 연장을 허용하며, 토지소유자의 승낙 없이 설치된 분묘를 토지소유자가 개장하는 경우, 분묘의 연고자는 당해 토지소유자에게 토지사용권과 기타 분묘의 보존을 위한 권리를 주장할 수 없다고 규정하고 있어 앞의 분묘기지권의 성립 중 시효취득에 기한 성립을 인정하지 않고 있다.

그러나 2015년 12월 29일 개정된 장사법은 법제14조에 따른 사설묘지에 설치된 분묘의 설치기간을 30년으로 확대하고, 1회에 한해 30년까지 연장할 수 있도록 해 최대 60년까지 분묘를 유지할 수 있도록 하고 있다.

이와 같은 설치기간의 개정은 일견 장사법 시행 이후에 설치한 산소에 대해서는 분묘기지권이 폐지한 것으로 보여지기는 하나, 한편으로는 새로운 시한부 분묘기지권을 신설하고 인정하는 것 같다 볼 수 있고, 장사법 시행 이전의 분묘에 대해서는 시효취득을 그대로 인정하는 등 사실상 분묘기지권을 영구적으로 인정해 면죄부를 준 법 개정이라 할 수 있다.

조상에 대한 효와 예를 갖추는 방법이 달라지고 있고 그에 따른 장사 문화의 변화가 빠르게 변하는 사회적 흐름을 보이고 있다. 이에 토지의 효율적 이용과 자연 환경적 측면, 그리고 산과 들에 흩어져 있는 분묘를 효율적으로 관리하는 차원에서라도 지금처럼 분묘 존속 시까지 무한정 기간 동안 인정할 것인지 등 분묘기지권의 제한 필요성에 대해 진지한 재논의가 필요하고, 그에 따른 분묘기지권에 대한 개정은 시급하다고 판단된다.

03 분묘기지권의 지료와 소멸

분묘기지권의 지료

분묘기지권의 성립에 있어서 지료는 그 요소가 아니다. 그러므로 지료에 관한 약정이 없다거나 시효취득으로 분묘기지권을 취득한 자는 무상으로 사용이 가능하고 지료를 지불할 의무도 없다. 토지소유자는 지료를 청구할 수도 없다.

대법원 판례를 보면 '지료에 관한 약정이 없는 이상 지료의 지급을 구할 수 없는 점에 비추어 보면 분묘기지권을 시효취득 하는 경우에도 지료를 지급할 필요가 없다고 해석함이 상당하다(대법원 1995. 2. 28. 선고 94다37912 판결)'라고 판시해, 20년간 점유로 시효 취득하는 경우에는 지료를 내지 않아도 되는 것으로 보았고, 이 판례의 취지상 토지소유자의 승낙을 얻어 분묘를 설치한 경우에도 지료에 관한 약정이 없는 한 무상이라고 보아야 한다는 것이다.

그러나 분묘기지권 성립요건 중에 자기 토지 위에 분묘를 가지고 있던 자가 그 토지를 처분해 분묘기지권을 취득한 경우에는 지료를 지급해야 한다는 다수의 학설에 의해 논란이 끊이지 않게 되자 대법원이 '자기 소유의 토지 위에 분묘를 설치한 후 토지의 소유권이 경매 등으로 타인에게 이전되면서 분묘기지권을 취득한 경우'에 지료를 청구할 수 있고, 판결에 따라 분묘기지권에 관한 지료의 액수가 정해졌음에도 판결 확정 후 책임있는 사유로 상당한 기간 동안 지료의 지급을 지체해 지체된 지료가 판결 확정 전후에 걸쳐 2년분 이상 되는 경우에는 '민법 제287조'를 유추 적용해 '새로운 토지소유자는 분묘기지권자에 대해 분묘기지권의 소멸청구를 할 수 있다'는 판결을 해 지료를 지급해야 하는 분묘기지권에 대한 사안을 확정했다. (대법원 2015. 7. 23. 선고 2015다 206850 판결)

분묘기지권의 소멸

토지소유자가 분묘기지권을 소멸하기는 쉽지 않다. 그럼에도 불구하고 분묘기지권이 소멸되는 경우가 있는데 살펴보도록 하자.

첫째, 토지소유자가 자기 땅에 산소를 설치하는 것을 승낙하는 경우는 극히 드물다. 그러나 어떤 이유로든 승낙을 하고 존속기간까지도 약정한 경우라면 그 약정기간이 도달하면 소멸된다. 또한, 지료의 지급까지도 약정했다면 지료연체의 합이 2년분이 넘으면 분묘기지권의 소멸을 청구할 수 있다. 이 청구권은 형성권으로 청구권을 행사하면 당연히 분묘기지권은 소멸한다.

그러나 이런 경우는 극히 드문 경우로, 설령 그러한 사실이 있다 해도 경매로 토지를 취득한 매수인 입장에서 그런 이유로 소멸 청구하기는 사실상 불가능하다. 승낙이 있었는지 존속기간이나 지료에 대한 약정이 있었는지 확인하기가 어렵거니와 설령 확인된다 해도 존속기간이나 지료에 대한 등기가 없는 이상 매수인의 소멸청구는 인정이 안 된다.

둘째, 분묘기지권이 있는 산소가 폐묘되어 있거나 자진해서 이장했거나 포기의 의사표시를 한 경우에도 소멸한다.

셋째, 공익사업을 하기 위한 토지수용으로도 분묘기지권은 소멸하고, 자연재해로 봉분이 훼손되고 유골 등이 유실되거나 훼손되어 원상회복이 불가능해 더 이상 분묘기지권을 존속할 이유가 없는 경우에도 분묘기지권은 소멸한다.

넷째, 자기 소유의 토지 위에 분묘를 설치한 후 토지의 소유권이 경매 등으로 타인에게 이전되면서 분묘기지권을 취득한 경우, 지료를 지급하기로 약정한 후 지료를 2년분 이상 연체

시 소멸한다. (대법원 2015. 7. 23. 선고 2015다 206850 판결 참조)

다섯째, 분묘기지권자가 오랫동안 분묘의 수호와 봉제사를 저버리는 등 관리를 소홀히 해 분묘의 형태가 평장(平葬)이 되는 경우, 분묘기지권은 소멸한다. 이런 경우 봉분이 훼손되어 객관적으로 분묘로 인식할 수 있는 공시기능을 상실했기 때문이다.

여섯째, '제삼자 또는 토지소유자가 분묘를 훼손한 경우 분묘기지권이 소멸되는가, 아님 원상복구를 통해 분묘기지권을 유지할 수가 있는가?'에 대한 해석이다.

최근 대법원 전원합의체 판결에서도 인정된 바와 같이, 분묘기지권의 요건까지 갖춘 분묘는 분묘의 존속기간 내내 지상권과 유사한 물권적 권리로 묘지가 존재하고 관리자가 봉제사를 하는 등 분묘를 수호하면 영구적으로 토지사용권을 보장받게 된다.

해당 토지의 소유자로서는 큰 부담이 아닐 수 없다. 더구나 분묘를 이전하고 해당 토지를 개발해야 하는 입장에서 양지바르고 위치가 좋은 노른자 땅 위에 떡하니 자리 잡고 있는 눈엣가시 같은 산소로 인해 토지를 효율적으로 이용하지 못하는 토지소유자로서는 재산권 침해를 하고 있는 분묘 처리가 시급한 문제다.

분묘기지권이 있는 묘지는 원천적으로 분묘 이장이 불가능하기 때문에 어렵사리 연고자를 만나 묘지 이전에 대해 협상한다 해도 터무니없는 거액의 금전을 요구하는 일이 비일비재 하다. 설령 분묘기지권이 없는 묘지라 할지라도 재판이나 행정적 절차상 상당한 시간이 소요된다.

이러한 현실적 어려움으로 재판이나 행정적 절차 없이 임의로 분묘를 이전해버리는 소위 불법 파묘 행위가 적지 않은 것이 현실이다. '장사 등에 관한 법률'이 정하는 절차나 적법한 재판 없이 임의로 파묘하는 행위는 '분묘발굴죄' 등으로 형사 처벌되고, 민사상 손해배상의 대상임에는 틀림없지만, 해당 토지에 대한 조기개발을 염두에 두고서 민·형사상의 불이익을 각오하고 파묘하는 경향이 많다.

'분묘기지권은 지상권 유사의 물권적인 권리이고(대법원 1979. 2. 13. 선고 78다2338 판결 등), 그 존속기간에 관해서는 당사자 사이에 약정이 있는 등 특별한 사정이 있으면 그에 따를 것이지만, 그러한 사정이 없는 경우에는 권리자가 분묘의 수호와 봉사를 계속하며 그 분묘가 존속하고 있는 동안 존속하며, 분묘가 멸실된 경우라고 하더라도 유골이 존재해 분묘의 원상회복이 가능해 일시적 멸실에 불과하다면 분묘기지권은 소멸하지 않고 존속한다.' (대법원 2007. 6. 28. 선고 2005다44114 판결).

위의 사례는 피고가 분묘를 파헤쳐 그 유골을 꺼내고 이를 화장한 후, 유골의 유분을 모 납골당에 보관하고 있는 상황에서, 분묘의 연고자인 원고들이 분묘기지권 확인 청구의 형태로 원상복구재판을 구했는데, 하급심과 대법원 모두 원고 청구를 인용 원상복구명령의 판결을 한 사례로 유골 등이 망실되지 않고 존재하고 있는 경우의 판례다.

그런데 앞의 판례의 취지를 보면 파묘 후 유골이 망실되지 않고 존재해 원상회복이 가능한 경우를 전제로 한 판례로 유골 등이 망실되거나 폐기되어 원상복구의 가능성이 없다고 판단되면, 분묘로서의 기능을 상실하게 되고 분묘기지권도 함께 소멸된다고 판단될 가능성이 크다.

이처럼 파묘되어버린 상태에서의 분묘기지권의 법적인 보호에는 일정한 한계가 있을 수밖에 없고 유족들이 분묘관리에 소홀한 경우가 많아 불법파묘에 대한 민·형사적 책임은 차제에 두고 분묘의 임의적인 훼손은 지속적으로 시도되고 있는 현실이다.

지금까지 살펴본 바와 같이 분묘기지권이 있다고 해서 무조건 토지소유자의 토지사용을 제한받는 것은 아니다. 분묘기지권이 소멸되는 원인을 살펴보았듯이 경우에 따라서는 분묘기지권을 소멸시킬 수 있어 경매를 통한 토지 투자에서 분묘기지권이 있다 해서 무조건 배척할 필요는 없는 것이다. 특히, 자기 소유의 토지 위에 분묘를 설치한 후 토지의 소유권이 경매 등으로 타인에게 넘어가 분묘기지권을 취득하게 된 경우, 새로운 토지소유자는 지료를 청구할 수 있고, 2년분 이상 지료를 연체할 때는 분묘기지권 소멸을 청구할 수 있어, 중장기 투자의 측면에서 이러한 물건을 잘 살펴볼 필요가 있다.

04 분묘기지권 분석 방법

분묘기지권이 인정되는 묘지가 있는 경우 그 분묘기지권은 묘지에 대해 자손들이 관리하는 한 수십 년 또는 수백 년의 기간까지도 인정되는 것으로, 결국 임야의 소유자 임의대로 묘지를 개장하지도 못하고 사용기간 동안의 임대료도 청구하지 못하는 경우가 대부분이다.

이러한 엄청난 힘을 가진 권리를 깨트리고 온전한 소유권을 행사하기 위해서는 분묘기지권이 성립되는지, 소멸 사유에 해당되어 개장이나 분묘굴이를 할 수 있는지 등을 자세히 조사하고 검토해야 한다.

경매 물건 중 임야가 매각물건으로 나오면 경매 정보지의 현황보고서나 매각물건명세서상에 '분묘기지권 불분명함', '분묘가 있는지 정확히 알 수가 없음', '산림 우거져 관측되지 않는 분묘가 있는지 여부는 정확히 알 수 없음', '분묘기지권 성립 여지 있음' 등의 경고 메시지가 매각물건의 90% 이상 공지된다.

'묘 없는 산은 악산이다'라는 말이 있듯 소위 쓸 만하다고 하는 산에는 묘가 다 있다. 어느 통계에 의하면 전국 산야에 흩어져 있는 무연고 묘만 해도 600만 기 이상이 된다고 할 정도로 많다. 그러므로 설령 경매 정보에 이러한 경고 메시지가 없다 해도 일단 임야는 묘지가 있다는 가정에서 조사해야 한다. 핵심적 조사 내용은 현장조사와 공적서류를 통해 묘지의 신고 여부, 유, 무연고 여부, 설치일 자 등을 조사하는 일인데, 이 세 가지의 요건이 향후 분묘의 개장이나 분묘굴이를 청구하는 데 있어 중요한 요건이다.

현장조사로 분석하기

일단 관심이 가고 투자 대상 임야에 대한 개발 가능성이나 투자 수익률 측면에서 검토가 끝났다면, 드러내놓고 자리 잡은 산소뿐만 아니라 숨어 있는 묘지까지도 찾아내야 한다. 현황조사서나 감정평가서 등에 분묘를 조사한 내용이 있든 없든 간에 우거진 숲에서 묘지를 찾아내는 것은 전적으로 입찰자 몫이다.

임야 면적이 크든 작든 숲이 우거진 곳에서 산소를 찾는 것은 상당히 어렵다. 그래서 경매 사건목록이나 감정평가서에도 '산림이 우거져 관측되지 않는 분묘가 있는지 여부는 정확히 알 수가 없음'이라는 경고 메시지를 보게 되는 것이다.

이러한 어려움으로 일반매매에서는 될 수 있는 대로 숲이 덜 우거진 계절에 매매하면서도 묘지 부분에 대해 특약으로 단서를 붙이고 매도인의 하자 책임으로 명기하고 거래하는 경우가 많은 데 반해, 전적으로 입찰자가 책임을 갖는 경매에서는 임야를 취득할 때, 앙상한 나뭇가지만 있는 겨울이나 이른 봄이 묘지 찾기가 그나마 수월하고 경계 확인 측면으로도 유리하기에 이러한 계절들을 택해 입찰하는 것이 어려움을 줄이는 방법일 수 있다.

일단, 묘지를 찾으면 연고자가 관리하는지, 관리가 안 되는 무연고인지 등 묘지의 상태를 살펴보고, 묘비석이 있다면 시신을 안장한 날, 즉 묘지를 설치한 날 등을 체크하고, 잡초만 무성하고 봉분은 훼손되어 폐묘이거나 거의 평장 수준으로 외형이 객관적으로 인정할 수 없는 봉분의 형태라면 향후 개장 공고 시 연고자라는 사람이 나타나 시효가 20년 지났다고 주장하더라도 분묘기지권이 성립할 수 없기 때문에 확실하게 인증해둘 필요가 있다.

묘지 상황의 조사를 마친 후에는 주변 마을의 이장(통장)이나 노인정 또는 마을회관 등을 찾아 주민을 대상으로 묘지 관련 연고자가 성묘를 오는 등 관리를 하는지, 연고자의 연락처나 주소를 아는지, 주민 누군가가 이웃 산의 묘지를 관리하는 사람이 있는지, 묘비석이 없는 산소의 설치시기 등 철저한 조사가 필요하다. 묘비석도 없이 잡초만 무성한 무연고 산소라 판단될 때는 더욱더 적극적으로 탐문하고 중요 내용에 대해 녹취를 하는 것도 한 가지 방법이다.

묘지 관련 공부로 분석하기

이렇게 발품 팔아 확인된 분묘가 과연 분묘기지권이 성립되는지, 혹은 소멸사유가 되는지, 개장이나 분묘굴이를 할 수 있는지 등 모든 내용을 토지소재지 시, 군, 구, 읍, 면 등 관할청에서 묘적부, 묘지설치 묘지 관련 공부를 열람해서 분석해야 한다. 그럼, 어떤 내용을 중점적으로 확인해야 하는지 살펴보자.

첫째, 분묘 설치의 신고 여부다. 현장에서 조사한 내용을 바탕으로 공적서류를 열람 확인해서 토지소유자에게 사용승낙서를 받아 적법하게 신고된 묘지인지, 신고가 안 된 불법묘지인지를 확인한다. 또한, 토지소유자가 설치하고 신고한 묘인지, 신고가 안 된 불법묘지인지 등을 확인한다. 예를 들어 현장조사 결과, 봉분의 형태를 갖춘 묘지가 3기로 확인이 됐는데 1기만 신고가 되어 있다면 2기는 불법으로 설치한 묘다. 개인묘지를 설치한 자는 보건복지부령으로 정하는 바에 따라 묘지를 설치한 후 30일 이내에 토지소재지를 관할하는 시장, 군수, 구청장 등에게 신고를 하도록 되어 있다. (장사법 제14조 사설묘지의 설치 등)

둘째, 연고자가 있는지 무연고자인지를 파악한다. 현장조사 시 인근주민을 대상으로 조사한 내용과 더불어 묘적부 등 공적서류를 통해 연고 확인을 하고 묘지설치자도 조사한다.

셋째, 연고가 확인이 되든 안 되든 허가묘지일 경우 분묘 설치일자를 체크하고 설치일자가 장사법 제정 전인지 후인지를 확인하고 분묘기지권의 시효를 분석한다.

넷째, 토지의 소유자와 설치되 있는 분묘의 관리자가 동일인인지를 확인하고 지료에 대한 판결이 있었는지 여부도 검토 대상이다.

요약하면, 묘지 처리에 있어 가장 중요한 요건은 묘지의 불법 여부, 유·무연고, 설치일자 등의 세 가지인데, 현장과 해당 관청에서 공적서류의 조사를 통해 이 내용만 제대로 파악해도 분묘기지권의 성립 여부와 소멸 가능성에 대한 분석을 할 수가 있고, 그 세 가지의 유형에 따른 처리 방법을 검토하면 된다. 이 과정에서 장묘 설치 전문가에게 컨설팅을 받는 것도 도움이 된다.

묘지설치의 제한지역

분묘기지권의 성립요건이 충족되어 권리를 취득했다 해도 '국토의 계획 및 이용에 관한 법률' 규정에 따른 주거지역, 상업지역 및 공업지역, 수변구역, 접도구역(도로법), 하천구역(하천법), 농업진흥구역(농지법), 산림보호구역(산림보호법), 특별산림보호구역, 백두대간보호구역, 사방지(사방사업법), 군사시설보호구역, 기타 지방자치단체의 조례로 정한 지역(장사법시행령 제22조4항 참조)은 분묘설치를 제한받는 지역으로 원칙적으로 분묘기지권도 인정되지 않는다.

이런 지역이나 구역에 속해 있는 토지 취득 시는 1차로 해당법 규정의 적법성을 파악한 후 묘지 관련 조사를 하는 것도 권리분석의 한 방법이다.

지금까지 분묘기지권의 성립이나 소멸, 분석 방법과 묘지설치의 제한지역 등에 대해 살펴보았다. 이제 토지 위에 묘지가 있다 해서 모두가 분묘기지권이 성립하는 것은 아니라는 것을 알게 되었을 것이다. 세 가지의 성립요건에 해당하지 않거나 소멸사유에 해당하거나, 인정받지 못하는 지역에 설치되어 있는 묘지는 개장이나 분묘굴이를 통해 분묘를 처리할 수가 있다는 이야기다.

불법묘지든 아니든 연고가 있든 없든 타인의 묘가 내 땅에 있으면, 개발 또는 매각에 걸림돌이 된다. 연고자를 알 수 있는 경우와 알 수 없는 경우에 따라 신고가 안 된 불법묘지냐, 적법하게 설치된 묘지냐, 분묘기지권성립 여지가 있는 묘지냐, 그렇지 않은 묘지냐에 따라 그 처리 방법과 절차가 달라진다. 이러한 유형에 따른 처리 방법을 알아보도록 하자.

05 내 땅 안의 남의 묘지 처리 방법

연고자가 있고 분묘기지권이 있는 묘지 처리 방법

사실상 어렵다. 앞서 설명한 바와 같이 불법묘지라도 분묘기지권의 권리가 있는 묘지에 대한 수호와 봉제사가 있는 등 연고자의 관리가 지속되는 한 특별히 성립요건상 결격사유나 소멸이유가 없는 이상 토지소유자 임의로 개장이나 분묘굴이를 청구할 수 없다.

이런 경우에 가장 좋은 방법은 연고자와의 합의로 개장이나 이장을 해서 처리하는 방법이다. 다행히 토지소유자 입장에서 산정한 적정금액에 보상합의가 되면 좋겠지만 실무에서 보면 합의금의 격차가 심해 합의가 안 되는 경우가 비일비재하다.

여러 차례 협의했지만, 합의가 안 될 경우, 토지의 취득 목적이 개발이 아니고 단순 투자 수익이 목적이라면 묘지연고자에게 매각하는 것도 처리 방법 중 하나다.

그러나 합의도 안 되고 매각도 안 되고 이도 저도 안 돼 내 땅 내 맘대로 하지 못하는데 어떻게든 묘지는 처리하고 싶다. 그런 경우, 실무에서 물리적인 방법으로 처리한 예가 있어 그 방법들을 참고로 살펴보기로 하자.

염소 방목으로 처리한 사례

내 땅에 타인의 출입을 하지 못하도록 울타리를 치고 출입을 금지시키는 경우다. 그리고 그 안에 염소 등을 방목하고 '울타리를 무단으로 출입 또는 훼손하거나 염소를 불법 포획하면 처벌받는다'라는 표시를 설치한다. 이런 토지소유자의 정당한 소유권 행사를 누가 뭐라고 할 사람이 있을까? 이런 경우 가만히 있을 묘지의 연고자는 없을 것이고, 당연히 반발하고 소송을 걸어온다.

이런 특이한 사례에 대한 대법원 판례가 있어 살펴보기로 하자. 토지소유자가 분묘기지권자에게 이장비용을 부담하는 조건으로 이장해달라고 거듭 요청했으나 분묘기지권자가 거절했다. 그러자 땅 소유자는 분묘 주위 자신의 땅에 철조망을 두르고 그 안에서 흑염소를 사육했다.

천방지축으로 뛰노는 흑염소가 분묘를 엉망으로 만들어놓았고 그로 인해 소송이 벌어졌다. 이에 대법원에서는 '분묘기지권은 인정하되 토지소유자의 염소사육은 막을 권리가 없다'라고 판시했다. 땅 주인은 자신의 땅을 택지로 개발하려고 하다가 벽에 부딪혀서 염소사육이라는 명분에 착안해서 자신의 권리를 찾은 것이다. '궁하면 통한다' 할까? 법원은 염소사육의 의도보다는 법률 적용에 하자가 없나를 따지기 때문에 분묘의 후손들은 결국 자신들의 조상들 묘가 훼손되는 것을 보다 못해 이장하게 되었다.

그리고 택지개발 현장이나 임야개발 현장에서 자주 목격하는 처리 방법으로, 묘지를 개장하거나 훼손하지 않고 묘지만 덜렁 남겨두고 그 주변을 파헤치는 경우다. 주변은 평지인데 묫자리만 산등성이에 올려져 있는 모양이다. 3평 묘 처리가 이렇게 힘들고 산소도 힘든 모양이다.

연고자가 분묘에 대한 수호와 봉제사를 통한 관리를 계속하고 있는 분묘기지권의 처리가 난해하기 때문에 안타깝게도 이러한 물리적 방법까지도 동원해 처리하는 데 참고해둘 필요가 있다.

무연고 묘지의 개장 방법

불법묘지든 신고를 하고 설치한 묘지든, 분묘기지권의 가능성이 있는 묘지든 간에 연고가 없다는 말은 바꿔 말하면 묘지관리가 안 되고 있다는 것이다. '묘지관리의 권리가 있는 연고자가 상당 기간 동안 그 수호와 봉사를 저버리고 있고 연고자를 알 수 없는 경우에 토지소유자는 개장을 청구할 수 있다'라고 판례는 판시하고 있다.

'장사 등에 관한 법률'에서도 '토지소유자의 승낙 없이 해당 토지에 설치된 분묘'이거나, '묘지설치자 또는 연고자를 알 수 없고 관리를 하지 않은 분묘일 경우'에 일정한 '공고절차'를 거치면 개장을 허가할 수 있도록 했다. (법 제27조, 28조 참조)

분묘의 연고자를 알 수 없는 경우의 공고 방법은 두 개 이상의 일간신문 또는 관할 시·도 및 시·군·구 인터넷 홈페이지와 하나 이상의 일간신문에 개장에 필요한 사항을 2회 이상 공고하되, 두 번째 공고는 첫 번째 공고일부터 40일이 지난 후에 다시 하도록 규정하고 있다. (장사 등에 관한 법률 시행규칙 제18조 참조)

공고기간 종료 후에도 분묘의 연고자를 알 수 없는 경우에는 화장한 후에 유골을 일정 기간 봉안했다가 처리해야 하고, 이 사실을 관할 시장 등에게 신고해야 한다.

연고자를 아는 경우에는 토지소유자, 묘지설치자 또는 연고자는 법제27조 제1항에 따른 개장을 하려면 3개월 이상의 기간을 정해 그 뜻을 미리 해당 분묘의 설치자 또는 연고자에게 알려야 한다. 연고자가 있는 경우에는 개장이나 이장에 대한 합의가 필요하다.

Part 05

유치권

01 유치권은 어떤 권리인가?

경매 투자를 하면서 여러 종류의 권리를 접하게 되는데 가장 힘들게 하는 권리를 꼽으라면, 그중 하나가 바로 이 유치권이다. 경매 정보지에 유치권이라고 공시가 되어 있는 물건만 봐도 고개를 딴 곳으로 돌리고 싶을 정도로 피곤한 권리다. 3회차 이상 유찰은 기본이다. 그러나 그렇게 어렵고 피곤해도 주인은 찾아간다. 그 주인이 내가 되기 위해서 부동산 유치권에 대해 구체적으로 알아보자.

유치권이란, '타인의 물건 또는 유가증권을 점유한 자는 그 물건이나 유가증권에 관해 생긴 채권이 변제기에 있는 경우에는 변제를 받을 때까지 그 물건 또는 유가증권을 유치할 권리가 있다'라고 '민법 제320조 1항'에서 규정하고 있다.

유치권은 법정담보물권으로 규정하고 있는데도 등기상에 공시가 안 되는 깜깜히 무 등기권리지만 경매 신청도 가능하고 제삼자에게 양도도 할 수 있고, 단순한 점유행위만으로도 그 권리를 주장할 수 있는 배타적 권리로, 미지급된 공사대금을 받을 때까지 소유자나 낙찰자 등 어느 사람에게도 침해를 받지 않고 점유를 계속할 수 있다.

이러한 유치권이 경매 참여자들을 더 어렵게 하는 것은 경매 절차상의 유치권신고가 의무가 아니라는 것이다. 신고하든, 안 하든, 유치권자가 자유롭게 선택할 수 있고, 신고를 안 한다 해서 유치권이 소멸하지 않는다는 데 있는 것이다. 이러한 권리의 특성으로 실무에서 유치권신고 없이 권리행사 하는 경우가 간간이 눈에 띈다.

유치권에 대한 법원의 실무

이에 대해 집행법원은 신고를 강제하지 않으나, 일부 법원에서는 경매 절차에서 유치권자가 권리신고서를 접수한 경우 유치권을 주장하는 자에게 점유개시시기, 피담보채권액 등을 소명하도록 한 후 유치권신고서가 접수되는 시점에 따라 각기 달리 처리하고 있다.

등기가 없는 권리로 경매에 참여하는 사람들의 피해를 최소화하기 위한 '민사집행법 제121조, 127조' 규정에 따른 실무적 처리지침으로 유치권이 있는 물건을 입찰 시 이러한 안전장치가 있다는 것을 반드시 알고 참여해야 유치권에 대한 위험을 없앨 수 있다.

매각기일 이전에 접수되는 경우

유치권 신고가 있거나 현황조사 시 유치권행사가 있을 경우에는 매각물건명세서에 '유치권 신고는 있으나 그 성립 여부는 불분명함'이라 기재하고 경매 절차를 진행하기도 하고, 일부 법원에서는 매각물건명세서에 유치권신고서를 첨부하기도 한다.

매각기일부터 매각허가기일 전까지 접수되는 경우

유치권이 성립할 여지가 전혀 없다는 점이 명백하지 않은 한 매각물건명세서 작성에 중대한 하자가 있는 것으로 보아 '매각허가에 대한 이의신청 시 불허가 처리'하고 새 매각을 한다.

매각허가기일부터 매각허가 여부 확정 전까지 접수되는 경우

최고가매수신고인으로부터 '매각허가에 대한 이의신청 또는 매각허가결정에 대한 항고를 받아 매각허가결정을 취소'하고 새 매각을 실시한다.

매각허가결정 확정 후부터 대금지급 전까지 접수되는 경우

'매각허가결정의 취소 신청을 받아 매각허가결정을 취소'하고 새 매각을 실시한다.

대금지급 후에 유치권 신고가 접수되는 경우

유치권자가 경매 절차에서 권리신고를 하지 않았다 해서 유치권 자체가 소멸되는 것은 아니다. 그러나 유치권 자체가 소멸되지 않더라도 부동산 경매 절차에서 현황조사서나 매각물건명세서상 등 경매 사건 목록상에 유치권에 대한 조사나 내용에 대한 기록도 없고 현장에서도 확인할 수 없는 상태에서 유치권이 존재하지 않는 것으로 알고 매수 신청을 해 잔금까지 납부한 이후 해당 물건에 유치권행사가 확인된 경우에는 '민법 제575조1항'의 담보책임규정을 들어 '배당 전이라면 집행법원에, 배당 이후라면 채무자 또는 배당을 받은 채권자에게 대금의 반환 등을 청구'할 수 있다.

매각대금을 완납한 후에 유치권의 존재가 확인되면 이런 절차와 청구로 구제를 받을 수는 있겠지만, 이러한 과정이 어렵다. 대금 납부 후에 유치권을 신고하거나 주장한다면 점유권원이 없는 가짜유치권자일 가능성 충분하다고 보고 합의로 인수하거나 인도명령 등으로 목적 부동산을 인수하는 방법도 고려할 수 있다.

이렇듯 유치권으로 인한 피해를 구제받을 수 있도록 실무처리를 하고 있지만, 매각기일 이전에 유치권신고가 접수되고 매각물건명세서 등 경매 사건목록에 '유치권신고는 있으나 그 성립 여부는 불분명함'이라는 표기를 하는 등 매각물건명세서 작성에 중대한 흠도 없고, 중대한 권리관계에 대해 공지했는데도 불구하고 이를 간과하는 등 입찰자의 과실에 의해 낙찰받았다면 이의 신청이나 취소 신청 등으로 구제를 받지 못한다는 사실을 잊어서는 안 된다.

〈표 5-1〉 유치권신고 사례

대표소재지	[목록1] 인천 남동구 구월동 11층 호 [인주대로 번길 11]				
대표용도	오피스텔	채권자	(주) 임의경매		
기타용도	-	소유자	(주) 시스템창호	신청일	2019.08.21
감정평가액	103,000,000원	채무자	주OOO OOOOOOOO	개시결정일	2019.09.06
최저경매가	(34.3%) 35,329,000원	경매대상	건물전부, 토지전부	감정기일	2019.09.20
입찰보증금	(20%) 7,065,800원	토지면적	9.2m² (2.78평)	배당종기일	2019.11.18
청구금액	35,136,386원	건물면적	47.73m² (14.44평)	입찰예정일	2020.11.06
등기채권액	2,571,444,046원	제시외면적	0m²	차기예정일	미정 (24,730,000원)
물건번호	1 [유찰]				

임차인	선순위대항력	보증금/차임	낙찰자 인수여부	점유부분	비고
한우리	전입 : 2012-02-27 (有) 확정 : - 배당 : 2019-09-26	보증 : 65,000,000원	배당액 : 19,770,000원 미배당 : 45,230,000원 인수액 : 45,230,000원	전부/주거 (점유:2012.2.27.~현재까지)	소액임차인
총보증금 : 65,000,000 / 총월세 : 0원					
대법원공고	[문건/송달내역] • (접수일:2020.05.18)유치권자 이OO 유치권신고서 제출 [매각물건명세서] <비고란> • 특별매각조건 매수보증금 20% • 2020.05.18. 중앙인테리어설비[대표 이 하]로 부터 공사대금 4,500,000원에 대하여 유치권신고가 있으나 그 성립여부 불분명 함				

1차매각	2020.04.08	유찰	103,000,000원(100%)	232일	
2차매각	2020.05.13	낙찰	72,100,000원(70%)	267일	81,001,110원 (78.64%) 이■석 / 응찰 1명
허가일	2020.05.20	허가		274일	
납부일	2020.06.16	미납		301일	
3차매각	2020.07.22	유찰	72,100,000원(70%)	337일	
입찰변경	2020.08.25	변경	50,470,000원(49%)	371일	
4차매각	2020.09.25	유찰	50,470,000원(49%)	402일	

〈표 5-1〉 유치권신고 사례의 물건을 살펴보면 1차 매각기일은 2020년 4월 8일이고, 유치권신고일은 매각기일 이후인 2020년 5월 18일이다. 이런 경우, 낙찰받고 유치권 조사 결과, 명도받기가 어렵다고 판단되면 매각허가기일 전까지 접수되는 경우에 해당되어 매각허가에 대한 이의 신청을 통해 불허가 처분으로 입찰보증금을 반환받을 수가 있다. 그러나 일정표에서 보듯 불허가 처분이 아닌 잔금 미납으로 낙찰이 취소되고 재경매가 진행 중임을 알 수가 있다.

안타깝게도 입찰보증금을 날려버린 사례다. 그 원인은 유치권에 있는 것이 아니라, 선순위임차인이 문제였다. 확정일자가 없으면 배당신고를 해도 우선변제가 안되고 낙찰자가 부담한다는 사실을 간과하고 낙찰받은 것이 낙찰을 포기하게 한 원인이다. 유치권이 걸린 물건이라 해서 다른 권리를 소홀히 하면 이런 일이 발생한다는 것을 염두에 두고 분석해야 한다.

02 유치권의 유형

경매에서 문제가 되는 유치권의 유형을 살펴보면 건물의 신축, 증축, 개축 등 '건축공사대금채권'과 임차인의 임차건물에 대한 개보수에 소요된 필요비나 유익비, 또는 인테리어비용, 재개발이나 재건축 시 시공회사나 주택조합에서 이주비상환청구권을 가지고 이주비를 상환받기 위해서 입주아파트에 유치권을 행사하는 경우 등을 들 수 있는데, 유치권의 대부분은 신축건물 공사대금 미지급으로 인해 발생한다.

건축공사대금채권으로의 유치권

유치권이 있는 물건 중 가장 많은 부분을 차지하고 있는 경우다. 건물공사대금의 미지급으로 인해 발생하는데, 건물외관이 완공된 신축건물 건축현장에서 '유치권행사 중'이라는 현수막이나 바리케이드 등으로 외부의 출입을 막고 권리행사를 하는 것을 볼 수 있다.

이때의 유치권은 골조공사, 창호, 전기, 설비, 조적, 미장 등 건축업종별로 실질적으로 건축공사에 투여된 건물공사대금은 물론이고, 건물을 신축하기 위한 터 파기나 흙막이 가시설공사, 기초파일공사 등의 부대토목 공사대금에 대한 채권도 건축공사와의 견련성이라는 측면에서 해당 건물과 땅에 대해 일괄적으로 유치권 행사를 할 수 있다는 것이다.

토목공사대금채권으로의 유치권

건축공사대금에 대해만 유치권이 발생하는 것은 아니고 토목공사 자체만으로도 유치권이 발생한다. 아파트나 전원주택, 공장 등의 건축물을 짓기 위해 임야나 하천 전. 답, 잡종지 등의 지목을 대지로 형질을 변경시켜 건축이 가능한 토지로 변경시키는 대지조성공사나 그에 따른 지반 강화를 위한 파일공사, 옹벽공사, 도로 개설 등을 통해 토지만을 위한 택지조성 비용도 조건이 성립되면 해당된다.

이에 대한 유사판례를 보면 '대법원은 건물 신축 과정에서 과수원, 전, 하천으로 잡다하게 구성된 건물 부지를 대지화시키는 토목공사를 별도로 체결한 사안에서는 그 토목공사를 토지에 관한 공사로 볼 수 있으므로, 공사대금채권과 건물 부지와의 견련성이 인정된다'고 판시했다. (대법원 2007. 11. 29. 선고 2007다60530 판결)

공사가 중단된 건물의 유치권

일상에서 건물의 외관이 완공되기 전에 공사가 중단된 채 유치권 현수막이나 바리케이드 등이 설치된 건축현장을 간간이 보게 된다. 이러한 물건이 토지만 경매로 나왔을 경우 유치권의 성립 여부가 문제가 된다. 이렇게 중단된 건물은, 공사의 진척도에 따라 유치권의 성립 여부가 결정되는데, 건축되어 있는 상태가 독립된 건물로 볼 수 있느냐 없느냐가 그 핵심이다. 이것은 두 가지로 분류된다.

첫 번째로는 건물의 외관이 사회통념상 건물이라고 볼 수 있는 정도로 외관이 갖춰진 경우다.

중단된 건물의 상태가 지붕과 기둥, 벽이 있고 쉽게 해체하거나 이동할 수 없는 정도로 토지와는 별개의 부동산으로 볼 수 있으면 공사대금을 피담보채권으로 해 유치권행사를 할 수 있다.

두 번째로는 건물의 외관을 갖추지 못한 경우다.

건물의 외관이 토지와는 별개로 독립된 부동산으로 볼 수 있느냐가 핵심이다. 사회통념상의 건물에 대해 대법원은 기둥, 지붕, 주벽 등이 완성되면 독립된 건물로 보고 있다. 이러한 사회통념상 독립된 건물로 볼 수 없는 상태에서 공사가 중단된 경우에 법원은 토지의 상, 하에 설치된 정착물을 토지의 부합물에 불과하다 보고 유치권을 인정하지 않는다.

이와 관련된 '대법원 2007마98 결정'을 살펴보면 '건물의 신축공사를 도급받은 수급인이 사회통념상 독립한 건물이라고 볼 수 없는 정착물을 토지에 설치한 상태에서 공사가 중단된 경우에 위 정착물은 토지의 부합물에 불과해 이러한 정착물에 대해 유치권을 행사할 수 없는 것이고, 또한 공사중단 시까지 발생한 공사대금채권은 토지에 관해 생긴 것이 아니므로 위 공사대금채권에 기해 토지에 대해 유치권을 행사할 수도 없는 것이다'라고 판단했다.

그러나 수급인의 계약 목적이 건물을 신축하기 위한 도급계약이 아닌, 단순 토공사인 터 파기나 되메우기, 흙막이 H빔공사, 지반 강화공사나 그에 따른 골조공사 등인 경우에는 계약조건 등 그 사안에 따라 유치권이 적용되기도 하고 안 되기도 한다.

그러므로 건물의 외관이 갖추어지지 않은 상태에서 토지만 경매로 나온 경우에는 유치권성립 여부에 대해 더욱더 살펴보아야 하고, 건물을 신축하기 위해 발생한 지상구조물 철거. 폐기물 처리나 시멘트, 모래, 철근 등 건축에 소요에 자재대금채권은 별도로 유치권성립이 안 된다는 것도 알고 지나가자.

'자재업자가 받아야 하는 건축자재대금채권은 매매계약에 따른 매매대금채권에 불과할 뿐 건물 자체에 관해 생긴 채권이라고 할 수는 없으므로 유치권이 성립하지 않는다.' (대법원 2012. 1. 26. 선고 2011다 96208 판결)

건물 개보수비용으로의 유치권

임차인이 임차건물의 현상 유지나 보존관리를 위해서나 사용상 불편함으로 인해 비용을 지출하는 경우가 있다. 이런 경우 그 비용을 필요비와 유익비로 구분을 하는데, 그 내용을 살펴보기로 하자.

먼저, 필요비로 해당되는 부문은 건물의 기능적 측면을 유지하고 보존관리 하는 데 소요된 비용을 말한다. 전기시설, 수도관의 누수, 보일러시설, 욕실의 방수, 옥상 방수, 창호 등의 고장으로 인해 시급히 수리하지 않으면 생활하기가 불편한 절대적으로 필요한 기능적 요소들이다.

그런데 이러한 곳이 고장 났을 때, 임대차계약상의 어떤 특별한 조건이 없는 이상 임대인이 그 보수를 해야 할 의무가 있는데도 불구하고, 임차인이 개·보수 요청을 해도 건물주가 묵묵부답이거나 차일피일 미루거나 돈 없다는 핑계로 수리를 안 해주면 '목마른 사람이 샘 파는 격'으로 임차인이 하는 경우가 많다. 이렇게 지출된 비용을 통상 필요비라 하고, 이 비용은 임대차종료 전이라도 청구가 가능하다. 임차건물이 경매 시에는 배당요구도 할 수 있고 유치권도 성립된다.

그리고 유익비는 필요비와는 달리 임차건물을 사용하는 데 반드시 필요하지는 않을지라도 임차인과 임대인의 협의에 의해 노후된 외부의 마감재를 석재나 판넬 등으로 리모델링한다든지, 건물 주요 부분을 철골구조로 보강하거나, 진입로를 아스콘이나 콘크리트로 포장한다든지 하는 비용을 임차인이 지출함으로써 건물의 가치를 증대시키는 비용을 말한다. 이렇게 지출된 비용은 계약상 비용을 배제하는 특별한 조건이 없는 이상 청구가 가능하고 임차건물이 경매 시에는 배당요구도 할 수 있고, 유치권도 성립된다.

그러나 필요비와 달리 임대차종료 후라야 청구할 수 있고, 지출비용의 산정도 실제로 지출한 비용과 객관적으로 현존하는 증가액 중 건물주의 선택에 따른다. 임차인이 지출한 필요비나 유익비로 배당에 참여해 배당요구종기 이내에 신청하면 임차인의 최우선변제권보다도 우선 배당받을 수 있는 권리가 발생한다. 그러나 실무에서 보면 이러한 권리가 있는데도 불구하고 유치권으로 행사하는 경우가 다반사다. 특히 유익비인 경우에는 임대차종료 후라야 유익비상환 청구가 가능한 관계로 임대차종료 전이라면 유치권도 성립하지 않는다. 그러나 매각 후에는 유치권성립이 가능하기 때문에 경매 절차 중에 유치권신고가 없다 해서 유치권이 없다고 판단해서는 안 된다.

이렇듯 임차인이 임차목적물에 대해 지출한 필요비나 유익비의 비용상환 청구권에 대해 원칙적으로 유치권을 인정한다. 그러나 일반적으로 보면 임대차계약 체결 시 '임대차종료 시 임차인은 임차목적물에 대한 원상복구를 해 임대인에게 반환해야 한다'라는 특약이 붙는다. 대법원은 임차인이 임대차계약을 체결하면서 임차물(부동산)에 대해 원상복구 하는 약정을 두는 경우, 임차인이 임차목적물에 지출한 각종 유익비 또는 필요비 등 비용상환 청구권을 미리 포기하기로 한 취지의 특약으로 보고 있다.

'임대차계약에서 "임차인은 임대인의 승인 하에 개축 또는 변조할 수 있으나 부동산의 반환기일 전에 임차인의 부담으로 원상복구키로 한다"라고 약정한 경우, 이는 임차인이 임차목적물에 지출한 각종 유익비의 상환 청구권을 미리 포기하기로 한 취지의 특약이라고 봄이 상당하다.'(대법원 1995. 6. 30. 선고, 95다12927, 판결 참조)

그러나 개·보수비용의 미지급을 이유로 임차인이 아닌 공사업자가 점유하거나 집주인이 있는 집에 인테리어공사를 해주고 그 공사비용을 받지 못해 점유를 하고 있는 경우에는 유치권 성립이 될 수 있음에 주의해야 한다.

03 유치권의 성립요건

유치권은 경매에 있어 매수인들이 상당한 금액을 인수하거나 입찰보증금을 포기할 수도 있는 까다롭고 위험한 권리다. 그런 이유에서인가 앞서 설명한 바와 같이 법원에서는 구제에 대한 세부적 지침까지도 만들어놓고 있다. 반면, 그런 점을 이용해 유치권의 권리가 없는 줄 알면서 유치행위를 하는 자들이 있고, 받을 돈이 있으니 유치권의 성립요건은 알지도 못한 채 유치행위를 하는 자들도 많다.

이런 유형의 사람들을 가짜유치권자라고 칭한다. '무식이 사촌보다 낫고, 선무당이 사람 잡는다'라는 말이 있듯 이런 무 권리자들이 더 어렵다. 그래서 유치권성립 여부를 더 확실하게 짚고 가야 한다. 그래야 입찰을 할 수 있는지를 판단할 수 있고 낙찰을 받고도 허위유치권자를 밝히고 온전한 내 물건으로 만들 수 있는 것이다.

유치권이 성립되기 위해서는 일정한 요건이 충족되어야 한다. 유치권의 유형에 해당하는 물건이라도 유치권의 권리를 가지고 매수인에게 대항하려면 성립요건을 갖추어야 한다. 성립요건 중 하나라도 요건에 부합하지 않으면 유치권이 성립하지 않는다. 유치권의 성립요건을 제대로 이해하기만 해도 유치권 물건에 대한 두려움은 사라진다.

부동산 유치권의 성립요건

첫 번째 : 공사대금채권이나 필요비, 유익비 등이 유치권의 목적물에 관해 생긴 것이어야 한다.

피담보채권과 유치하고 있는 부동산과의 견련성(牽聯性)이 있어야 한다. 신축 중인 건물에 대한 공사대금채권이나 임차주택이나 상가 등에 투입된 필요비나 유익비가 목적 부동산과의 견련관계가 있어야 유치권이 성립된다. 다른 현장에서 발생한 공사대금채권이나 그 밖에 채권으로는 해당 부동산에 대한 유치권행사가 인정이 안 된다는 것이다.

신축 중인 건축물에 대해서도 중단된 공사현장의 토지가 경매로 매각 시 사회통념상 건물로 볼 수 없는 정도의 정착물은 토지의 부합물로 보고 그 공정과정의 건축공사대금조차도 건물과 견련관계가 없는 것으로 보아 유치권의 성립이 안 되듯이 피담보채권이 목적 부동산 자체에서 발생해야 성립되는 것이다.

두 번째 : 채권이 변제기에 도래해야 한다.

공사대금 등을 지급받을 날이 되지 않은 상태에서의 유치권은 성립되지 않는다. 변제기 전에 목적 부동산에 대한 유치행위는 채무이행을 강제하는 결과로 보아 인정을 하지 않지만, 변제기에 대한 약정이 없을 경우에는 유치권이 성립한다.

세 번째 : 목적물을 점유하고 있어야 한다.

유치권의 권리행사는 점유에서부터 시작된다. 점유는 유치권의 성립요건이자 실행요건이고 존속요건으로 '민법 제328'의 규정을 보면 '유치권은 점유의 상실로 소멸한다'라고 규정하고 있다. 그러나 그 점유는 적법해야 한다. 유치권자임을 내세워 소유자의 승낙 없이 임대행위를 하거나, 임차인이 임대차 해지 후에 필요비나 유익비를 지출했다는 빌미로 유치권을 주장하거나, 피담보채권의 양도 없이 점유이전만을 하는 등의 불법 행위는 유치권을 배척하는 것이 법원의 판결이다.

유치권자가 직접점유를 하든 간접점유를 하든 그 형태에 대해서는 가리지 않는다. 직접점유인 경우에는 입찰자들이나 낙찰자가 유치권의 성립 여부를 판단하는 데 큰 어려움이 없다고 보는데, 문제는 간접점유인 경우다.

점유란 통상 목적 부동산에 대해 물리적이고 현실적인 방법에 의한 '사실상의 지배'를 말한다. 그러나 판례는 '사실상의 지배'가 있다고 하기 위해서는 '물건과 사람과의 시간적·공간적 관계와 본권관계 타인 지배의 가능성 등을 고려해 사회통념에 따라 합목적으로 판단해야 한다(대판 1996. 8. 23. 95다8723)'라고 규정하며 당해 점유에서 요구되는 '사실적 지배력'의 방법이나 정도 및 범위로 점유의 유무에 대한 판단을 주문하고 있다.

실무에서 현실적으로 실행되고 있는 간접점유의 방법들을 살펴보면, 가장 많게 사용하는 방법이 '잠금장치'를 통한 방법이다. 건물의 출입구에 잠금장치를 통해 봉쇄하고 입구에는 안내문과 바리케이드 등을 설치하고 외부에는 현수막 등을 설치해 유치권행사 중임을 알리고 직접점유나 점유보조자 없이 이러한 사실상의 표현으로 점유를 하는 형태다. 내부를 보면 책상이나 의자, 소파 등의 가구만 있는 정도로 점유를 하고 있다는 흔적만 나타내고 있는데, 실질 판례에서도 이러한 점유의 형태를 인정하고 있다. (대판 1993. 4. 23. 93다289 참조)

이밖에 간접점유의 형태로는 경비용역업체에서 무인경비시스템이나, CCTV 등을 통한 방법으로 하는 경우가 있고, 하도급 공사업자들이 공동으로 점유하거나 '점유이전가처분'의 보전처분을 받아 채무자나 제삼자의 출입을 통제하는 점유의 방법들로 유치권행사를 하고 있다.

이렇듯 다양한 간접점유의 형태로 유치행위를 해 경매 참여자들을 어렵게 하고 있다.

네 번째 : 경매개시결정기입등기 이전에 점유하고 있을 것

유치권 신고는 자유롭다 해도 점유의 개시는 경매개시결정기입등기 이전에 해야 매수인에게 대항할 수가 있다. 유치권의 유형에 해당하고 다른 성립요건을 갖추었다 해도 경매개시결정등기가 난 후에 점유를 시작했다면 유치권을 이유로 매수인에게 대항할 수가 없다.

'채무자 소유의 건물 등 부동산에 강제경매개시결정의 기입등기가 경료되어 압류의 효력이 발생한 이후에 채무자가 위 부동산에 관한 공사대금채권자에게 그 점유를 이전함으로써 그로 하여금 유치권을 취득하게 한 경우, 그와 같은 점유의 이전은 목적물의 교환가치를 감소시킬 우려가 있는 처분행위에 해당해 민사집행법 제92조 제1항, 제83조 제4항에 따른 압류의 처분금지 효에 저촉되므로 점유자로서는 위 유치권을 내세워

그 부동산에 관한 경매 절차의 매수인에게 대항할 수 없다.'
(대법원 2005. 8. 19. 선고 2005다22688 판결 참조)

그러나 경매 입찰자들이 점유개시의 시기를 파악하기는 쉽지 않다. 확인할 수 있는 방법은 집행관이 작성한 '현황보고서와 감정평가서'다. 이 서류에서 확인이 안 되면 경매 신청채권자의 근저당설정 당시의 기록이나 정황 등을 통해 확인해야 하고, 목적 부동산의 주변인을 상대로 탐문조사를 통해 유치권자의 점유일자를 확인하는 방법이 최선이다.

다섯 번째 : 타인 소유의 물건에 대한 채권이어야 할 것

자기 소유의 부동산에 유치권행사를 한다면 말이 될까? 남의 부동산에 유치권을 행사하는 것이 상식적이고 당연한 것인데도 불구하고 유치권의 성립요건에 들어가 있다. 이 문제는 주로 중단되거나 완공된 신축공사현장에서 생기는 문제로 건물로 볼 수 있는 정도의 기성 부분에 대해 그 소유권이 도급인(건축주)에게 있는지, 수급인(건축업자)에게 있는지를 놓고 유치권의 성립에 대한 판가름이 난다.

이와 관련된 대법원의 판례를 살펴보면, '유치권은 타물권인 점에 비추어 볼 때 수급인의 재료와 노력으로 건축되었고 독립한 건물에 해당되는 기성 부분은 도급인과 수급인 사이의 특약에 의해 그 귀속을 달리 정하거나 기타 특별한 사정이 없는 한 수급인의 소유라 할 것이므로 수급인은 공사대금을 지급받을 때까지 이에 대해 유치권을 가질 수 없다(대법원 1993. 3. 26. 선고 91다14116 판결, 80다1014 판결, 71다2541판결 참조)'라고 많은 사례에서 판시하고 있다.

이런 경우라면 유치권이 걸려 있는 토지를 낙찰받더라도 낙찰자는 유치권의 부담이 없게 되는 것이다. 그렇다면 도급인과 수급인 사이에 특약은 어떠한지, 그에 대해 대법원은 어떠한 판결을 하는지 살펴보도록 하자.

첫 번째로 도급인과 수급인 사이에 도급인 명의로 건축허가를 받고 소유권보존등기를 하기로 한 경우다. (대법원1997. 5. 30. 선고 97다8601 판결 참조)

두 번째로는 건물신축공사에 있어서 건축허가 명의가 도급인으로 되어 있고 공사도급계약상 공사대금을 미지급할 때는 그 미지급된 부분에 대해 완성된 건물로 대물변제하거나 가등기 해준다는 등 소유권 귀속에 대한 약정을 하고 공사하는 경우다. (대법원1992. 3. 27. 선고 92다34790 판결 참조)

이와 같은 특별한 사정이 있거나 특약이 있을 시는 수급인의 재료와 노력으로 건축된 독립한 건물에 해당되는 기성 부분에 대해 수급인이 유치권을 갖게 된다는 것이다. 결국, 미완성된 신축건물에 있어서 기성 부분에 대해 그 소유가 타인이냐 자기물건이냐의 구분은 도급인과 수급인 사이에 특별한 사정을 확인하거나 도급계약서상에 명시된 조건이나 특약을 통해 확인이 가능한 일로 입찰자들이 그 부분을 확인하고 따져보는 것은 쉽지 않다.

그러나 유치권신고가 되어 있는 물건을 낙찰받은 최고가매수인이라면 경매집행기록의 열람을 통해 공사도급계약서상의 특약내용을 확인할 수가 있어 유치권성립 여부에 대한 분석을 하면 된다.

여섯 번째 : 유치권 발생을 배제하는 특약이 없어야 한다.

대다수의 전문가들이 이구동성 "유치권의 99%는 가짜다"라고 말한다. 그만큼 유치권이 성립하기가 어렵다는 말이다. 그 성립요건 중에 입찰예정자나 낙찰자가 가장 핵심적으로 파헤쳐볼 부분이 바로 계약상의 특약과 포기의 의사표시와 별도의 유치권포기각서나 현장명도각서의 유무에 대한 확인이다.

첫 번째로 살펴볼 내용은 원상복구에 대한 특약이다.

원칙적으로 임차목적물에 대해 지출한 필요비나 유익비에 대한 비용상환 청구권은 목적 부동산과의 견련성을 인정해 임차인에게 유치권을 인정한다. 그러나 통상적으로 주택이든 상가든 임대차계약을 할 때 '임대차의 해지로 종료가 되면 임차인은 목적물을 원상으로 회복해 임대인에게 반환한다'라는 특약이 첨부단서로 반드시 따라붙는다. 이러한 특약은 임차인의 필요비와 유익비 상환 청구를 미리 포기하는 취지로 유치권을 배제하는 특약으로 보아 이러한 특약이 있을 경우, 임차인은 유치권을 주장할 수가 없다. 그러나 아무리 임대차계약 시 원상복구가 상식화된 특약단서라도 확인은 필수다. 입찰전이라면 임차인과의 협의를 통해 확인하든가, 낙찰 후라면 경매집행기록의 열람으로 확인하면 된다.

두 번째로는 건축공사 도급계약서상의 유치권포기 특약이다.

도급계약서상에 유치권포기의 특약을 기재하고 계약하는 경우는 드물다. 특약의 단서보다는 별도의 유치권포기각서나 현장명도각서로 대체하기 때문이다. 그러나 계약단서에 유치권을 포기한다는 특약이 있을 경우, 유치권은 성립하지 않는다.

'유치권은 법정담보물권이기는 하나 채권자의 이익보호를 위한 채권담보의 수단에 불과하므로 이를 포기하는 특약은 유효하고, 유치권을 사전에 포기한 경우 다른 법정요건이 모두 충족되더라도 유치권이 발생하지 않는 것과 마찬가지로 유치권을 사후에 포기한 경우 곧바로 유치권은 소멸한다.' (대법원 2011. 5. 13자 2010마1544 결정 등 참조)

세 번째로는 유치권 포기각서를 쓴 경우다.

일반적으로 건물을 건축 시 금융기관으로부터 대출을 받아 공사를 하는 경우가 전부라 해도 틀린 말은 아니다. 돈을 빌려주는 은행에서는 채권을 보전하기 위해 근저당권을 설정하고 지상에 대한 권리도 확보하기 위해 지상권도 설정하는 등 채권보전을 위한 안전장치를 하는 것이 통상적 규정이다. 그리고 토지주가 건축허가를 득한 후 공사업자 선정 시에는 '유치권포기각서'를 요구한다. 향후에 공사대금 미지급으로 인한 공사업자의 유치권 행위를 미연에 차단하고 목적 부동산이 경매로 매각 시 유치권으로 인한 매각가의 저감을 방지하고 채권을 보전하기 위한 금융권의 관례화된 일련의 조치다.

반면, 공사업자 입장에서 공사대금을 받지 못할 경우, 목적 부동산에 대한 유치권행사가 가장 강력한 수단이다. 그런데 그런 줄 알면서도 건축주의 요구에 의해 건축주에게나 은행 앞으로 포기각서를 써주게 된다.

유치권포기각서를 거부한다는 것은 공사를 포기한다는 것과 마찬가지기 때문에 공사 수주가 목적인 대다수의 공사업체는 유치권포기각서를 마다하지 않고 계약을 하고 공사를 진행하게 된다. 유치권에 대한 중요성은 알고 있겠지만, 공사를 수주하는 단계에서는 도급계약서의 첨부서류로 가볍게 생각하고 향후에 공사대금을 못 받고 유치권행사를 할 것까지 계산하며 공사를 수주하지 않기 때문이다.

은행 등 금융기관에서는 한발 더 나아가 유치권포기각서와 함께 '공사대금을 사업시행자나 사업시공자로부터 받지 못하더라도 공사와 관련된 일체의 유치권행사를 포기하고 이와 배치되는 어떤 물리적 행사도 하지 않고 금융기관의 현장명도 요구가 있을 시 이의 없이 명도한다'는 '현장명도각서'도 받는다.

살펴본 바와 같이 유치권포기각서는 공사업자와 대출기관과의 약정이라 할 수 있는데, 그렇다면 '경매로 취득한 매수인에게도 그 효력이 미치는가'가 문제다. 이에 대해서 판례는 '유치권 포기로 인한 유치권의 소멸은 유치권 포기의 의사표시의 상대방뿐 아니라 그 이외의 사람도 주장할 수 있다(대법원 2011. 5. 13자 2010마1544 결정 등 참조)'라고 결정을 내렸다. 유치권을 주장하지 않겠다는 각서를 써주었다면 단순히 대출은행에 대해서만 유치권을 행사하지 않겠다고 한 것으로 볼 수 없으며 목적 부동산을 낙찰받은 매수인에게도 대항할 수 없다는 것이 법원의 결정이다. 그런데 건설공사에서는 도급인(건축주)과 수급인(공사업체)이 도급계약을 한 후 실질 공사에서 있어서는, 부대토목, 철콘, 목공, 미장, 전기, 냉난방설비, 창호 등 많은 종목이 하도급에 의해 공사가 진행되는 것이 일반적이다. 종목에 따라서는 한 가지 종목에 하도에 하도 등 하수급자가 여러 명이 생기기도 한다.

이렇듯 모든 건설공사가 종목별 하도급에 의해 진행되는데, 공사도급계약을 체결한 수급인이 금융기관에 유치권포기각서를 제출한 경우 수급인은 은행이나 경매의 매수인 등에게 대항하지 못하는데, 이런 경우 하수급자도 공사대금을 피담보채권으로 해 유치권을 행사할 수 없는지에 대한 논란이 끊이지 않고 소송 또한 많다.

결론적으로 말하면 하수급자가 유치권포기각서를 써주지 않고 자기의 노력과 비용으로 공사를 했다면 원칙적으로 하수급자는 수급인의 유치권포기와 상관없이 유치권을 주장할 수 있다는 것이 법원의 판단이다.

대법원은 하수급 공사대금채권을 가지고 유치권을 행사하는 것을 인정하고 있다(대법원 2013. 10. 24. 선고 2011다44788 판결, 대법원 2013. 5. 23. 선고 2012다18588 판결), 나아가 대법원은 하수급인이 자신의 공사대금채권을 위한 독립한 유치권을 취득 행사하는 것은 물론 수급인의 유치권을 원용해 행사하는 것도 허용하고 있다. (대법원 2007. 5. 15자 2007마128 결정, 대법원 2005. 8. 19. 선고 2004다8197 판결)

이와 관련된 부분은 어렵고 판례 또한 부지기수로 많다. 공사진행 정도에 따라 독립된 건물이냐, 아니냐, 기성고가 확정된 후 그에 따른 기성급은 지불되었느냐, 미지급이냐, 원시취득자가 누구냐, 하수급인이 도급인과 수급인 사이에 체결한 유치권배제 특약이나 유치권포기서에 대한 이의를 제기했느냐 등에 따라 하수급인의 유치권 유무가 갈린다.

따라서, 입찰에 참여하는 입찰자 입장에서는 유치권을 주장하는 공사업체가 수급인인지 하도에 의한 하수급자인지를 먼저 파악하고, 만약 하수급자가 점유하고 유치행위를 하면 하수급자가 유치권포기각서를 제출하거나 계약상 유치권포기의 특약이 있었는지 등 여러 경우의 수를 확인해야 한다.

지금까지 살펴본 바와 같이 유치권의 신고가 됐거나 안됐거나 유치권이 성립하기 위한 조건을 충족하기가 그리 만만치가 않다. 그래서 흔한 말로 '유치권은 가짜가 판친다'라는 말이 설득력이 있는 것이다. 그런데 그 진짜 같은 가짜로 인해 높은 수익을 올리는 투자자들이 많다.

04 유치권이 성립되지 않는 경우

유치권성립요건을 요약해보면 다음과 같다. "채권이 유치권의 목적물에 관해 생긴 것(견련관계)이어야 하고, 채권이 변제기에 도래해야 하고, 유치권자가 목적물을 적법하게 점유해야 하고, 타인 소유의 물건에 대한 채권이어야 하고, 압류의 효력이 발생하기 전인, 경매기입등기이전에 점유가 개시되어야 하고, 유치권 발생을 배제하는 특약이 없어야 한다." 이러한 요건들을 다 갖추어야 유치권이 성립한다. 이 같은 요건 중 어느 한 가지라도 충족이 안 될 경우에는 유치권성립이 안 되기 때문에 매수인에게 권리를 주장하지 못한다.

그러나 이러한 성립요건을 다 갖추어 유치권의 권리를 행사해도 속을 들여다보면 유치권성립이 안 되는 경우가 많다. 간단하게 짚어보도록 하자.

첫 번째 : 경매개시 가능성이 충분한 상태의 공사대금채권

건물 및 대지에 거액의 근저당권, 전세권, 가압류 등 목적 부동산의 채권상태가 좋지 않아 시가와 버금되거나 과다해 경매 절차개시가 예상됨에도 불구하고 공사를 진행하고 그 후 점유를 하였다면 실제 공사비를 투입했어도 이런 행위는 신의 측에 반해 유치권이 성립되지 않는다. (대전고법 2002나 5475 판결 참조)

두 번째 : 유치권자와 소유주의 공모행위

경매 물건의 실제상황과 공사 내역이 일치하지 않는 경우다. 즉, 실제로 공사를 하지 않았거나 또는 실제 공사를 했어도 공사내역과 실제 물건 현황이 너무 차이가 나면서 과도한 공사금액이 신고된 경우거나, 신고도 없이 요구하는 경우에도 유치권은 성립하지 않는다. 전형적인 가짜유치권에서 발생하는 유형이다. '경매 목적물의 소유자와 유치권자가 공모해 허위유치권을 신고한 경우, 형법상 경매방해죄가 성립할 수 있다는

하급심 판례가 있다.' (수원지방법원안산지원 2013고정1174판결)

세 번째 : 시효가 소멸한 공사대금채권인 경우

유치권 자체는 시효로 소멸되는 권리는 아니기 때문에 목적 부동산을 점유하는 동안은 시효로 인한 소멸은 없지만, 유치권 행사와는 상관없이 공사대금채권은 소멸시효인 3년의 적용을 받는다. 그래서 진성 유치권자인 경우는 채무자로부터 미지급 공사대금이 있다는 승인을 받거나 가압류 또는 소송을 제기해 판결을 받아놓는 경우가 있다. 그러나 대부분의 공사대금채권은 시효가 지난 경우가 많다.

네 번째 : 대물공사인 경우의 공사대금채권

유치권자가 공사대금 대신 대물로 변제받는 경우가 있다. 대물변제 효과로 유치권의 피담보채권인 공사대금이 소멸해 유치권도 소멸한다. 그러나 변제 약속만 했거나 대물변제약정을 했더라도 소유권이전등기가 이뤄지지 않으면 유치권은 소멸되지 않는다. (부산고법 2007. 10. 4. 2007나8129결정참조)

다섯 번째 : 임차보증금에 의한 유치권

임대차기간이 종료되어 다른 곳으로 이사를 가려 해도 집주인 돈이 없어 새로운 임차인을 구하면 주겠다고 하는 경우를 많이 보게 된다. 이렇게 보증금을 돌려주지 않아 거주하던 중 경매가 진행되면 그 임차보증금(전세금)으로 유치권을 행사해 매수인에게 대항할 수 있느냐가 문제다.

이에 대한 판례를 보면 '임대차에 있어서 임차인이 임대인에게 교부한 보증금의 반환청구권은 민법 제320조에서 말하는 그 물건에 관해 생긴 채권이 아니므로 이와 같은 채권을 가지고 임차목적물에 대해 유치권을 주장할 수 없다(대판1997. 12. 13. 77다115)'라고 판결했다. 따라서 임차보증금을 피담보채권으로 해 유치권을 행사할 수가 없다.

여섯 번째 : 그 밖에 살펴볼 내용

- 소유자나 채무자가 유치권행사를 하는 경우
- 유치권자와 동업자인 경우
- 유치권자가 직접 경매에 참여한 경우
- 불법승계나 소유자의 동의 없는 임대행위를 하는 경우

- 목적물이 멸실, 토지수용, 혼동, 포기, 경개 등 유치권의 소멸사유에 해당하는 경우
- 경매개시 전, 후에 유치권자의 편익을 위해 지출한 비용(영업행위)
- 하도급공사 중 조경공사나 포장공사, 내부의 싱크대 등 가구, 단순 노무비, 설계비나 자재비, 상가권리금, 건물의 부속물 설치비용 등으로 유치권행사를 하는 경우
- 금융기관의 대출이자를 유치권자가 납부한 경우

이러한 경우들이 실무에서 다양하게 나타나고 있는데, 실상은 유치권성립이 안 되는 요건들이다. 설령 성립요건을 갖추었다 해도 속 내용이 앞의 경우의 어느 하나에라도 해당되면 유치권성립이 안 된다. 그만큼 유치권성립이 녹록지 않다는 이야기다.

그럼에도 불구하고 유치권행위자들의 기세는 당당하다. '법은 멀고 주먹은 가깝다'는 말이 있다. 이들은 유치권성립요건이나 그 내용 따위는 모르거나 알아도 그다지 중요하게 생각하지 않고, 물리적 힘이나 논리로 매수인에게 대항한다. 그렇다면 매수인들도 '이에는 이 눈에 눈'으로 똑같이 대해야 하나? 그렇다. 그렇게 해도 된다. 원래 가짜가 진짜처럼 행사하려면 '빈 수레가 더 요란'한 것처럼 더 요란하게 당당하게 나온다.

그렇다고 빈 수레로 대항하지 말고 그 한 가지라도 성립이 안 되는 요건을 철저히 파헤치고 증거자료를 확보해 논리적으로 대항해야 한다. '궁하면 통한다'라고 했다. 불성립요건을 찾으려고 한다면, 얼마든지 찾을 수 있다.

필자의 경험으로 보면 신축공사의 유치권행위는 100%가 허위유치권으로 판단한다. 앞에서 이야기한 바와 같이 속 내용 자체에서도 안 되는 경우가 수두룩하지만, 유치권성립요건 여섯 가지가 맞추어지는 경우가 없기 때문이다. 결국은 증거 찾기 싸움인데 그 증거를 찾는 자가 유치권이 공시된 물건을 낮은 가격으로 가져가게 된다. 지금부터 증거 찾는 방법을 알아보도록 하자.

05 입찰 전 허위유치권 파헤치는 방법

유치권의 점유관계를 입증하는 유력한 증거 법원 현황조사서

유치권의 유형이나 다양한 원인에 의한 유치권에서 가장 중요한 부분은 성립요건이자 존속요건인 점유다. 점유는 직접점유든 간접점유든 인정이 되지만 일시적 점유가 아닌 지속해서 유지가 되어야 한다. 유치권자가 점유를 상실하면 유치권은 소멸한다.

그러나 유치권에는 불가분성(不可分性)의 특성이 있어 유치물 전부를 점유하지 않고 일부만 점유해도 전체에 대한 유치권은 성립하고, 피담보채권액 중 잔여액 전부가 변제될 때까지 유치물 전부에 대해 지속적으로 점유를 할 수 있다는 것을 유념해야 한다.

경매 물건을 검색할 때 법원에서 제공하는 경매 사건목록을 통해 입찰 전에 권리분석을 하고 현장답사를 통해 최종결정을 한 후 입찰에 참여해야 하는 것은 두말할 나위도 없다. 그런데 그 목록 중에 유치권에 관련된 부분에서는 '현황보고서'가 유치권을 깨트리는 중요한 증거가 된다.

경매 입찰자들이 가장 중요하게 보는 것이 '매각물건명세서'다. 그러나 유치권에 관련된 부분은 그보다 '현황보고서'를 더 중요시해야 한다. '현황보고서'를 통해 점유 여부와 그 개시 시점도 이 서류로 파악되기 때문이다. 매각물건명세서상의 기재 내용에는 '유치권행사 중'이지만 '현황보고서'상에는 유치권에 관련된 기재 내용이 전혀 없다. 이런 경우, 법원은 어떤 서류를 믿을 것인가? 향후 유치권자와의 대항에서 중요한 단서가 되는 서류가 어떤 서류인지를 알아보자.

현황보고서와 감정평가서

경매개시결정이 나고 해당 물건에 대해 최초로 조사하는 것이 '현황조사서'와 감정평가서다. 이 두 가지의 서류는 현장조사 당시에 점유를 하고 있는 유치권자가 있는지, 점유개시가 경매기입등기이전인지 이후인지를 알 수 있는 최초의 서류이자 가장 객관적인 증거서류다.

경매 절차에서 집행법원은 경매개시결정 또는 경매개시 기입등기일로부터 3일 이내에 집행관에게 해당 부동산의 점유관계, 임대차보증금과 차임 등, 그 밖의 현황에 관해 조사하도록 명해야 하고, 집행관은 2주 안에 현황조사서를 작성해 법원에 제출해야 한다.

그러나 법원이 현황조사를 명할 때 점유자와 점유권원을 조사하면서 형식적인 조사만하고 유치권의 사실관계나 실질적 점유여부까지 조사할 의무를 부과하고 있지는 않다. 그렇지만 현황조사서상 유치권자의 점유 여부 또는 행사에 대한 기록은 매우 중요한 역할을 한다. 경매 신청채권자나 매수인이 유치권자에 대해 제기하는 유치권부존재 확인소송, 인도명령이나 명도소송에서 현황조사서상의 유치권자의 점유 여부에 대한 기재와 행사 여부가 절대적인 승패의 열쇠가 되고 있다. 집행관의 현황조사 시의 조사 내용이 절대적으로 공신력이 있는 것은 아니지만 법원은 유치권의 점유개시의 판단을 이 현황조사서를 점유의 입증자료로 인정하고 있다.

집행관이 작성한 현황조사서에 소유자나 채무자 또는 임차인의 점유에 대한 내용만 있을 뿐, 유치권에 의한 점유의 내용은 기재되어 있지 않고, 감정평가서상의 감정평가의견이나 비고란 등에도 유치권에 대한 기재는 물론, 목적 부동산의 내·외부의 현황사진에서도 유치권 관련 현수막이나 바리케이드, 유치권행사 중이라는 벽보 등이 없는 경우에는 경매기입등기 전부터 유치권자의 점유가 있었던 것으로 볼 수가 없고 설령, 경매 진행 중에 유치권의 신고나 현장에 점유의 상태가 있더라도 경매개시결정 후에 점유가 있는 것으로 보아 유치권자는 경매 절차상의 매수인에게 대항하지 못한다는 것이 법원의 결정이다.

'경매개시결정이 내려지기 전부터 유치권자가 점유하고 있었다는 사실은 현황조사서를 통해 확인할 수 있으며 여기에 점유사실이 기재되어 있지 않다면 유치권자의 유치권 주장은 인정되지 않는다.' (수원지법 평택지원 2014. 11. 12. 선고 2013가합81**판결, 대법 2009. 1. 15. 선고 2008다70763 판결 참조)

위의 판례에서도 확인할 수 있듯이 경매 사건목록의 '현황보고서'의 기재 내용이 유치권자의 점유 사실과 경매개시 전후의 시점을 확인하는 데 중요한 역할을 한다는 것을 알 수 있다. 이와 같은 내용으로 유치권이 신고되거나 경매 정보지에 유치권으로 표기된 물건에 대한 현황보고서상의 점유 상황에 대해 인천지방법원에서 현재의 날짜 기준으로 공시된 물건의 실사례로 분석해보도록 하자.

〈표 5-2〉 유치권 고지물건

2019-517826	[인천2계] 인천 남동구 구월동 11층 호 [건물 47.73m²][대지권 9.2m²] 제보 유치권, 재경매, 선순위임차인, 도로인접 다음지도 온나라지도 sms 새창보기	오피스텔 2020.11.06	103,000,000 35,329,000	유찰 (3회)
2020-2900	[인천25계] 인천 중구 운북동 [토지 1360.9m²] 유치권, 소유가등, 도로인접 다음지도 온나라지도 sms 새창보기	대지 2020.11.05	3,975,188,900 1,947,842,000	유찰 (2회)
2020-5107	[인천12계] 인천 서구 석남동 빌딩 외 1개 목록 [건물 3612.01m²][제시외 75m²][토지 976.5m²] 유치권 다음지도 온나라지도 sms 새창보기	빌딩 2020.11.03	4,755,812,600 3,329,069,000	유찰 (1회)
2019-527533	[인천23계] 인천 서구 오류동 센트럴타워 2층 주차장호 [건물 3254.24m²][대지권 1310.39m²] 유치권, 소유가등 다음지도 온나라지도 sms 새창보기	자동차시설 2020.11.02	2,000,000,000 1,400,000,000	유찰 (1회)
2019-513640	[인천26계] 인천 남동구 구월동 [토지 973.8m²] 유치권 다음지도 온나라지도 sms 새창보기	대지 2020.10.30	5,151,402,000 3,605,981,000	유찰 (1회)

〈표 5-2〉에서 예시한 유치권 고지물건을 포함해 30건에 대해 현황조사일자와 경매개시기입등기일과 점유 상황에 대한 현황보고서의 기재 상황을 검색한 결과, 현황보고서에 '유치권 행사 중'이라 기재한 건은 불과 여섯 건이다.

현황조사의 시점은 민사집행법의 규정에 따라 경매개시결정일로부터 2주 이내에 조사가 건마다 완료되어 있고, 이 사례에 대해 판례에 준해 분석한다면 현황보고서에 점유 사실이 기재되어 있지 않은 나머지 24건은 경매개시 후에 점유하거나 주장하는 행위로 유치권을 인정받지 못하는 물건이 된다. 물론 여섯 건에 대한 부분도 또 다른 성립요건으로 따져봐야 하겠지만, 유치권성립의 유무가 이렇게 시작부터 현황보고서에 의해 결론이 나고 판례가 그 사실을 뒷받침을 해주고 있다.

성립요건 중 점유 부분만으로만 따져보아도 이러한데 다른 성립요건을 대입하면 그 확률이 실전에서 말하는 대로 '유치권 99%가 가짜'란 말이 틀린 말이 아니라는 것이 증명되고도 남는다.

검색물건 30건 중에 유치권신고건은 24건이다. 유치권신고가 유치권성립요건은 아니다. 경매 절차기간 안에 신고를 하든, 안 하든 효력에는 영향이 없지만, 효력이 있든 없든, 현황보고서상의 점유 사실이 기재되지 않은 상황에서는 매수인에게 대항하지 못한다.

또한, 경매 물건의 권리분석에 있어 법원에서 제공하는 서류로 가장 중요한 매각물건명세서가 있다. 매각물건명세서의 작성은 경매개시결정 후 최초로 작성되는 현황보고서와 달리 그 작성 시기가 상당히 늦다. 매각물건명세서에는 현황보고서상의 임대차에 관한 내용은 물론 경매 진행 중에 접수되는, 즉 각종 권리신고나 현황보고서상에 없던 유치권에 관한 변동 상황 등 중요사항에 대해 기재되어 있다. 그러나 법원에서는 유치권의 점유관계를 입증하는 핵심적인 증거서류는 매각물건명세서가 아닌 현황보고서를 활용하고 실질 판례에서도 현황보고서상의 기재 내용을 인용한다는 것을 앞에서 확인했다.

〈표 5-3〉 유치권성립 여부 예시 물건 1

기본정보 대법원사이트 보기 GO / 법원기본내역 보기 GO

대표소재지	[목록1] 인천 중구 전동 팰리스 3층 호				
대표용도	다세대	채권자	새마을금고 임의경매		
기타용도	-	소유자	서 미	신청일	2019.08.06
감정평가액	110,000,000원	채무자	서OO	개시결정일	2019.08.21
최저경매가	(70%) 77,000,000원	경매대상	건물전부, 토지전부	감정기일	2019.08.27
입찰보증금	(10%) 7,700,000원	토지면적	27.4㎡ (8.29평)	배당종기일	2019.10.31
청구금액	100,000,000원	건물면적	47.58㎡ (14.39평)	입찰예정일	2020.11.11
등기채권액	136,500,000원	제시외면적	0㎡	차기예정일	미정 (53,900,000원)
물건번호	1 [유찰]				

물건사진/위치도

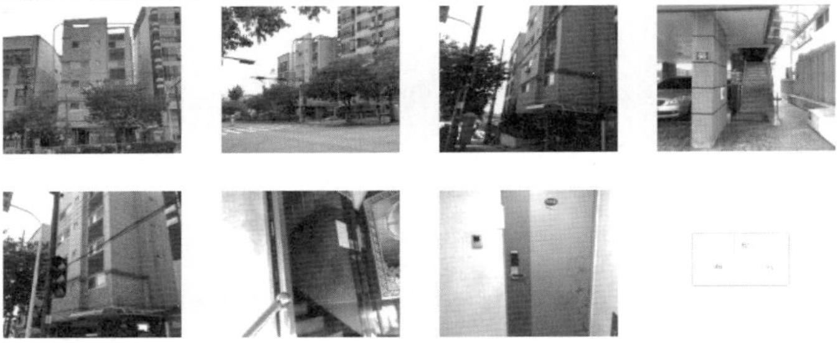

▪ **조사일시** : 2019년 08월 26일10시30분 2019년 08월 30일13시35분

대법원공고

[문건/송달내역]
- (접수일:2019.10.29)유치권자 최OO 유치권신고서 제출

[매각물건명세서]
<비고>
- 최 욱 : 주민등록상 전입 없음

<비고란>
- 2019. 10. 29. 임차인 최 욱이 이 사건 부동산에 관하여 유치권이 있다는 신고서를 제출하였으나, 그 성립여부는 불분명함.

[현황조사서]
- 본건 현황조사차 현장에 임한 바, 폐문부재로 이해관계인을 만날 수 없어 상세한 점유 및 임대차관계는 알 수 없으나, 전입세대열람결과 전입세대가 조사되지 아니 함 - 현관에 집행관실에서 작성한 `안내문`을 끼워두었음. - 본건 주소지내 전입세대열람내역 첨부.

〈표 5-3〉 예시 물건은 2019년 8월 21일이 경매개시결정일이고 현황조사일은 2019년 8월 26일, 30일자로, 그것을 토대로 작성된 현황조사서를 보면 유치권자가 점유하고 있다는 내용

의 기재는 없다. 또한, 조사 시점에 외관 사진에도 유치권행사를 한다는 표시가 전혀 없고, 2019년 8월 27일자 감정평가서의 감정평가의 내용에서도 유치권자가 점유한다는 내용이나 외부 사진에서의 표시도 없다.

예시 물건의 최초매각일은 2020년 10월 7일로, 매각물건명세서 작성일은 현황조사일로부터 1년여가 지난 2020년 9월 15일자로 기재 내용에 2019년 10월 29일자로 유치권신고가 되어 있으나, 그 '성립 여부는 불명함'이라 기재되어 있다.

그렇다면 예시의 물건은 과연 현황조사서의 내용과 매각물건명세서상의 기재 내용 중 어떤 서류의 내용으로 유치권성립 여부에 대해 어떤 판단을 해야 할까? 지금까지 판례를 들어가며 자세히 설명했으니 독자분들께서 충분히 판단하리라 본다.

〈표 5-4〉 유치권성립 여부 예시 물건 2

기본정보 대법원사이트 보기 GO / 법원기본내역 보기 GO

대표소재지	[목록1] 인천 옹진군 영흥면 외리				
대표용도	임야	채권자	축협 임의경매		
기타용도	-	소유자	(주)	신청일	2019.01.11
감정평가액	1,226,632,000원	채무자	이OO	개시결정일	2019.01.14
최저경매가	**(34%) 420,734,000원**	경매대상	토지전부	감정기일	2019.01.22
입찰보증금	(10%) 42,073,400원	토지면적	4664㎡ (1410.86평)	배당종기일	2019.04.08
청구금액	404,417,402원	건물면적	0㎡	입찰일	**2020.10.20(화)10:00**
등기채권액	1,012,000,000원	제시외면적	0㎡	차기예정일	미정 (294,514,000원)
물건번호	1 [진행]				

물건사진/위치도

2. 부동산의 현황

본건은 공부상 지목이 `임야'이나, 현황은 택지조성공사를 시행한 상태이며 일부 지상에 미준공상태의 지하1층, 지상 3층 건축물 1동이 소재하고 있음. 위 건축물 외벽에는 유치권자 불명의 `유치권행사'라는 플래카드가 걸려 있었음.

- **조사일시 :** 2019년 01월 28일 16시 30분

대법원공고	**[기본내역]** ▪ 지목이 공부상 `임야'이나 건축허가를 얻어 `대지'로 이행 중임. 본 건 지상에 건축 중인 지하1층, 지상3층의 건물과 이동이 용이한 컨테이너박스 2기가 소재하며 이로 인해 제한받을 경우 평가액은 858,642,400원임. 법정지상권 성립여부는 불분명. 유치권 행사와 관련된 자세한 사항은 감정평가서와 현황조사서를 참고바람. 2019.10.4.자로 주식회사 산업(대표이사 임 원)으로부터 공사미수금(금66,625,290원)에 대한 유치권 신고가 있으나, 그 성립유무는 불분명. **[문건/송달내역]** ▪ (접수일 : 2019.10.04)유치권자 주OOO OOOO 유치권신고서 제출

임대관계는 미상이나, 현장조사 시 지상건물의 공사가 중단되어 있었으며, 가격 시점에서 하청업체 직원으로 탐문 조사된 사람들이 본건 토지 위에 이동이 용이한 컨테이너 박스 2기 등으로 출입문을 막고 출입을 제한하는 등 유치권행사 중이었는바, 경매 진행 시 참조하기 바란다.

〈표 5-4〉의 예시 물건 경매개시일자는 2019년 1월 14일이고 현황조사일자는 2019년 1월 28일로 그 현황조사를 토대로 작성된 현황조사서를 보면 "건축물 외벽에 유치권자 불명의 '유치권행사'라는 플래카드가 걸려 있었음"이라는 내용의 기재가 있다. 또한 감정평가서의 감정요항과 결정의견에 '유치권행사 중'이라 조사가 되어 있다. 이렇게 현황조사서에 유치권에 대한 기재가 있는 물건에 대해서는 유치권자가 경매기입등기이전부터 점유를 개시하고 있다고 추정되는 물건으로, 그 성립요건에 대해서는 사안에 따른 관련서류를 검토하고 현장조사를 통해 그 진위 여부를 가리면 된다.

앞서 설명한 바와 같이 유치권을 주장하는 물건에 대해 유치권신고를 했다 해서 유치권이 성립되고 효력이 생기지는 않는다. 경매 입찰자 입장에서는 오히려 신고되는 것이 낙찰 후 집행기록 열람을 통해 허위유치권자를 밝히는 데 도움이 된다.

지금까지 유치권이 경매 투자자들에게는 어려운 물건이지만, 반면 유치권이 성립되기가 까다롭다는 것을 학습했다. 〈표 5-2〉에 유치권이 고지된 물건의 사실 확인으로만 놓고 보아도 집행관의 현장조사 당시부터 유치권이 인정 안 되는 물건이 30건 중 24건으로 파악됐다. 이렇게 현황조사에 점유사실의 기재가 없는 물건은 경매 투자자들이 비교적 쉽게 인도를 받을 수 있는 인도명령 대상 물건이 된다.

현황조사서에 유치권에 대한 내용의 기재가 없거나 조사 당시 '소유자 또는 채무자의 점유'나 '임차인이 점유'한 기록이 있다면 이 경우는 경매 개시결정 이후에 점유를 개시한 것으로 보고 법원은 유치권을 인정하지 않고 인도명령의 대상이 된다. (대법 2009. 1. 15. 선고 200870763)

유치권 행위자 대부분은 스스로가 자격이 있는지 없는지 알고 있다. 경매에 관련된 정보가 키워드 하나면 웬만한 내용은 다 알 수 있을 정도로 공유화되어 있고, 등 너머 알고 있는 얇은 지식과 주변에 아는 척하는 선무당들이 던져주는 훈수로 반 고수가 되어 있는 상태의 이들에게는 알고 모르고가 중요한 것이 아니라 어떻게 하면 매수인에게 충분한 돈을 받아낼까만 궁리하며 억지를 부리고 때로는 협박까지고 일삼고 그에 따른 물리적 행사까지 동원하기도 한다.

유치권행위자를 구분해보면 확률은 낮지만 진성유치권자가 있고, 알거나 모르거나 이미 자격을 상실한 공사업자, 공모에 의한 가장유치권자 등이 있다. 진성유치권자인 경우는 정당행위로 보지만, 그 외의 유치권자들의 행위는 '못 먹는 감 찔러나 본다'라는 심보로 되면 좋고 안 되면 말고 식의 행위와 '법은 멀고 주먹은 가깝다'는 논리와 '억지가 사촌보다 낫다'라는 떼거지 논리가 지배하고 있는 것이 일상화되어 있다. 특히 실무에서 많이 나타나고 있는 소유자 또는 채무자와의 공모에 의한 가장유치권자는 더욱더 심하다.

그래서 더욱더 증거서류가 필요하다. 점유는 사실상의 지배를 통한 외적인 권리행사지만 그 행위를 정당화하기 위해서는 근거서류가 구비되어야 하고 사실관계와의 정당성도 있어야 한다. 결국, 유치권이 있다고 주장하는 자들의 관련서류와 그 사실관계를 파헤쳐보면 답이 나오게 되어 있다.

유치권성립 여부를 가리는 서류

유치권의 성립 여부를 확인할 수 있는 서류에는 앞서 설명한 바와 같이 점유확인의 기본적 서류인 '현황조사서, 감정평가서'가 있다. 특히, 법원의 집행관이 조사하는 현황조사서는 아무리 공신력이 없다 해도 법원에서 점유에 관련된 부분 특히, 유치권에 관련된 기재 내용을 유치권성립 여부에 대한 증거로 인용하는 만큼 공신력이 있다고 볼 수 있다. 증거서류로는 가장 강력한 입증서류다. 또한, 이 서류를 근거로 매각불허가 신청이나 취소를 할 수 있다.

이 밖에 유치권성립 여부를 확인할 수 있는 서류로는 모든 권리관계 확인의 기본인 '등기사항 전부증명서'가 있고, 법인등기부등본, 공사도급계약서, 견적서, 세금계산서, 영수증, 기성급청구서, 점유관리일지, 유치권포기각서, 현장명도각서, 임대차계약서, 녹취록 등 목적 부동산과 관련된 서류 모두가 유치권성립 여부에 대한 입증서류다. 이 같은 서류를 전부 확보해서 입증하면 확실하겠지만, 그렇다고 많은 입증서류를 확보하려 애쓸 필요가 없다. 힘 안 들이고 확보할 수 있는 현황보고서와 감정평가서 외에 해당 요건에 따른 입증서류의 한두 가지만 확보해도 충분하다.

입찰 전 입증서류

특수 물건이라 불리는 물건이 아니더라도 입찰 전 관련서류로 권리분석을 하는 것은 기본이다. 특히나 유치권 관련 물건을 입찰하기 위해서는 입찰 전에 유치권성립이 안 되는 증거를 확보하거나 확보할 가능성이 충분한 상태에서 입찰해야 낭패를 보지 않는다.

첫 번째로 현황조사서와 감정평사서다.

점유나 개시 시점의 입증서류는 앞서 자세히 설명한 대로 '현황조사서'가 가장 강력한 입증서류다. 이보다 더 쉽게 확보할 증거는 없다. 글자 하나하나 소홀히 하지 말고 증거 보존을 해둘 필요가 있다.

두 번째로 유치권포기각서 또는 현장명도각서다.

신축 등 건축공사대금 유치권일 경우 경매 신청채권자인 은행 등 금융기관을 확인한다. 통상 은행 등 금융기관은 토지소유자에게 건물 신축자금을 대출해줄 시 근저당권 등 담보설정과 함께 수급인(시공사)으로부터 '유치권포기각서 및 현장명도각서'를 받고 해준다.

이 같은 관례로 보아 수급인이나 그 하수급인 등은 이미 유치권을 상실하는 것이 대부분으로, 법원의 기록을 확인할 수 없을 때는 경매 신청권자인 은행 등에 확인요청을 해 유치권성립 유무를 판단하면 된다. 또한, 대출은행에서 해당 부동산에 유치권신고나 그 행위가 있을 시 채권의 부실화를 방지하기 위해 '유치권부존재확인의 소 제기' 또는 '유치권배제신청서'를 제출하는 경우가 있다.

법원의 물건상세검색란의 '문건/송달내역'을 통해 손쉽게 확인되고 입증이 가능하다. 경매 신청권자의 유치권배제신청서는 유치권자가 적법한 유치권자가 아니라는 방증으로 중요한 증거서류로 낙찰 후 집행기록에서 증거를 확보할 수 있다.

유치권포기각서를 대출은행이나 경매 신청권자에게 확인 요청 시 유치권으로 인한 가격 하락 방지를 위해 비교적 우호적이기는 하나, 신상정보에 관련된 부분이 있어 사본을 확보하기는 쉽지 않지만, 신청권자의 재량이 필요한 부분이다. 또한 대출이자를 유치권자가 납부한 경우에도 유치권이 성립이 안 되므로 이 부분의 확인도 필수다.

세 번째로 등기사항 전부증명서와 법인등기부등본이다.

입찰 전에 손쉽게 확인할 수 있는 중요한 서류다. 이 서류들로는 주로 유치권성립이 안 되는 요건들을 확인할 수 있다. 등기부등본 확인 결과, 건물 및 대지에 거액의 근저당권, 전세권, 가압류 등 목적 부동산의 채권상태가 좋지 않아 시가와 버금되거나 과다해 경매 절차개시가 예상됨에도 불구하고 공사를 진행하고 그 후 점유했다면 실제 공사비를 투입했어도 이런 행위는 신의 측에 반해 유치권이 성립되지 않는 요건에 해당된다. 등기부등본으로 충분히 확인하고 입증할 수 있다.

그리고 등기부등본상의 소유자나 채무자가 유치권신고자 또는 행위자로 동일인인 경우이거나, 목적물의 멸실, 토지수용, 혼동, 포기, 경개 등 유치권의 소멸원인에 해당되는데 유치권자의 필요에 의해 목적 부동산을 사용하고 있는 경우, 법인등기부 열람 결과 소유자 또는 채무자가 유치권신고회사의 대표라거나 임원 또는 직원이나 부모, 자식 등 특수 관계인 경우 등이 확인할 수 있는 서류다.

현장답사 전 리스트 작성과 녹취

서류상으로 확인하고 입증이 가능하면 현장답사도 그만큼 수월하다. 그러나 서류상으로 입증이 안 되거나 미비할 시는 현장답사를 통해 그 진위를 확인해야 하는데, 답사 전 리스트 작성은 반드시 필요하다. 리스트 작성 시에는 물건의 유형에 따라 '유치권이 성립하는 요건과 성립하지 않는 경우'를 작성하고, 여러 가지 경우의 수를 체크하면서 그중 가장 의구심이 나는 부분 또는 현장에서 더 쉽게 접근할 수 있겠다고 생각되는 부분이 있다면, 그 부분을 우선 중점적으로 체크하고 조사하는 것이 좋다.

그 많은 불성립요건 중 너무 많은 것을 확인하려고 하면 정작 얻고자 하는 부분을 놓칠 수도 있다. 어느 한 가지라도 입증할 수만 있다면 유치권은 깨지게 되어 있으니 말이다. 그리고 현장답사를 가서 유치권에 관련된 부분을 조사할 때는 녹취는 기본으로 하자. 당사자 사이의 대화에 대한 녹취는 불법이 아니다.

현장답사 조사요령

첫 번째로 해당 부동산의 이해관계인을 수소문해서 먼저 만난다. 조사리스트를 작성하고 목적 부동산의 주변 탐문조사를 하기 전에 유치권 행위로 손해를 보는 경매 신청권자나 배당요구를 한 신청인, 또는 건축주 내지는 소유자나 채무자, 설계사, 하수급업자 등 유치권자와 관련이 있을 만한 이해관계인을 수소문해서 협조요청을 하는 것이 먼저다. 설령, 입증자료를 확보하지 못한다고 해도 유치권자에 대한 정보와 자료 요청을 시도하는 것이 좋다. 유치행위로 인해 손해 보는 입장이라면 굳이 협조를 안 해줄 이유도 없다.

두 번째로 유치권 유형의 확인과 주변 탐문조사다. 유치권

조사 차 현장답사 시에는 우선 유치권의 유형을 확인한다. 건축공사대금인지, 토목공사대금인지, 건물 개·보수나, 인테리어 부분에 대한 유치행위인지, 건축공정은 어떠한지 등 상태를 조사하고 경매 사건 목록상의 기재 내용과 일치하는지 여부도 확인한다.

그렇게 현장을 확인 후 목적물 인근의 식당, 다방, 등 공사관계자나 자재납품업자 등 공사와 관련된 사람들이 출입할 만한 업소를 찾거나, 인근의 공인중개사 사무소 두세 곳을 들러 체크리스트 상에 가장 의구심이 나는 부분, 예를 들면, 실질점유를 하고 있는지, 언제부터 하고 있는지, 유치권자가 시공사(수급인)인지, 부대토목, 골조, 창호 등 부분 하수급자인지, 소유자나 채무자인지, 일반채권자인지, 임대인인지 등 직접이든 간접이든 점유를 누가 하고 있는지, 점유와 유치권자의 존재 여부를 확인한다.

유치권이 걸린 물건을 입찰하기 위해서는 이러한 조사과정은 필수사항으로 이 과정을 통해 입증서류도 확보할 수 있으며, 유치권 전반에 대한 윤곽도 잡고 취득한 정보와 자료로 향후 유치권자와의 협상 시 활용할 수가 있게 된다.

유치권자와의 대화요령

이해관계인이나 해당 부동산 관계자에게 어느 정도 정보를 취득했든 못했든, 유치권자(간접점유자 또는 공사관계자 포함)는 만나야 한다. 유치권을 해결하는 데 가장 중요한 부분이다. 유치권자의 만남을 두려워하거나 부담 가질 필요도 떨 것도 없이 홀가분하게 만나면 된다.

낙찰을 받은 상태로 명도를 받기 위해 만나는 것도 아닌 급할 것 없는 상황이니 알고자 하는 거 부담 없이 물어보고, 위로 섞인 말도 하고, 의견도 구해보고, 하고자 하는 말을 서슴없이 해보는 것이 좋다. 얻고자 하는 내용이 안 나오고 협상도 잘 안 될 것 같고 어렵게 갈 것 같고, 내겐 좀 벅찬 물건이라고 판단되면 입찰하지 않고 다른 물건을 찾으면 되니 말이다.

일단, 만남이 이루어지면 그동안 살펴본 정황으로 유치권자가 누구인지 알게 되고, 그 점유자가 가장유치권자라는 심증이 있다 해도 그러한 선입견을 버리고, 상대를 진성유치권자로서 피해를 보고 있는 자로 생각하고 만나는 것이 대화하기 수월할 것이다. 사실 유치권자 만나기가 쉽지도 않고, 만난다 해도 원만한 대화도 잘 안 되고, 증거 확보하기도 쉽지 않다. 유치권자를 만난다는 것만도 유치권의 반은 해결된 것이라 보면 된다.

유치권자는 찾아오는 사람들의 목적을 뻔히 알고 있기 때문에 만날 필요가 없다거나 배타적 행동이나 말이 나올 가능성이 충분하다. 그래도 공손하게 위로의 말을 건네는 등 예의를 갖추고, '유치권을 할 수밖에 없는 상황도 좀 알고, 낙찰을 받게 되면 부담해야 할 돈이 얼마나 되는지 등 입찰을 해야 할지 말아야 할지 판단이 고민되어 찾아뵙게 됐다'고 찾아온 목적을 솔직하게 터놓고 이야기해야 한다.

그래도 돌아오는 답은 '그냥 돈 가지고 와서 해결하면 된다거나, 낙찰받고 그때 와서 얘기하라거나' 등 시큰둥하게 말하고 외면하는 경우가 다반사일 것이다. 하지만 상대에 따라서는 오히려 자신의 이익을 위해 사실관계에 대해 열심히 설명하기도 하고, 때에 따라서는 유치물건에 대해 낙찰받으면 안 되는 이유를 장황하게 설명하며 입찰하지 말 것을 권유하거나 충고하기도 하는 등 은근한 압박을 하는 경우도 있다.

이렇게 해서 대화가 이어지면, 성의껏 경청하고 상대의 처지에 대해 덕담 비슷한 말로 맞장구도 치는 등, 호응하게 되면, 아무리 공사대금을 받지 못해 예민한 상태에서 유치행위를 하고 있지만, 그냥 보통사람이다. 웃는 낯에 침 못 뱉는 것이 인지상정(人之常情)이다.

이렇게 유치권자로부터 이야기를 듣다 보면 내가 얻고자 하는 것을 꼬치꼬치 묻지도 않았는데 유치권자의 말에서 중요한 내용이 거의 다 나온다. 그것을 녹취록에다 주워 담기만 하면 된다.

그리고 대화 분위기의 상태를 봐가면서 자연스럽게 "과거와 달리 법원에서 유치권에 대한 적격 여부를 엄격하게 심사를 하고 있어 진성유치권인 경우는 문제없지만, 조금이라도 하자가 있을 때는 인정이 안 되는 추세이고, 하자가 심한 경우에는 대부분의 유치권자들이 형사 처벌 대상으로 확대되고 있다는 사실이 인터넷이나 주변에 널리 알려져 유치권도 쉽지만은 않은 것 같다"라고 '고양이 쥐 생각'하듯 슬쩍 말해보는 것도 나쁘지 않다.

말하는 어감이나 강약에 따라 듣는 입장에서 아픈 곳을 건드리는 말로 들려 격한 감정이 표출될 수도 있지만, 한편으로는 허위유치권자들의 대부분이 형사처벌에 대한 염려와 두려움을 안고 있기 때문에 또 다른 반응이 나올 수 있다. 어떻게 받아들이냐는 상대의 마음이고, 가장유치권자에게는 강한 압박을 느끼게 하는 메시지로 향후 협상할 때 충분한 효과가 있다.

어떤 반응이 나오든 반응이 안 좋다고 돌아설 수는 없는 노릇 아닌가. 채찍을 던졌으니 당근도 제시한다는 논리로 유치권을 포기하고 합의할 의사가 있는지 타진해보는 것이다.

자칫 형사고발을 당할 수도 있다는 사실을 알고 있을 유치권자에게 필요한 건 누가 낙찰을 받건 말건 돈이다. 이럴 때 합의금을 주겠다는데 마다할 유치권자 아무도 없다. 유치권자 입장에서는 눈이 번쩍 떠지는 제안일 수 있다. 그러나 합의할 의사가 있다는 정도로만 하고 연락처만 교환하는 것이 좋다. 그 자리는 협상하기 위해 만난 자리도 아니고 설사 합의금에 대한 이야기가 오고 가도 그 갭 차이로 대화 자체가 안될 가능성이 크기 때문이다.

입찰 전 유치권자와의 협상

낙찰을 받지도 않은 자가 유치권자와의 협상이라니 어불성설(語不成說)이라 들릴 수도 있다. 협상의 주요 내용은 유치권 포기에 대한 사항이다. 분명 상대가 잘 응하지도 않을뿐더러 과정 또한 쉽지 않다. 그러나 어차피 유치권 물건 취득하기는 이래저래 어렵고, 이는 유치권이 걸린 물건 취득하는 데 가장 중요한 일 중 하나다.

합의에 대한 이야기를 건넸으면 그 합의금이 문제다. 합의 금액은 먼저 제시해야 협상을 주도적으로 할 수가 있다. 어차피 유치권자는 터무니없이 부풀려서 요구할 것이 예상되기 때문이다.

직접 만난 자리에서 협상할 수도 있지만, 유치권자가 요구하는 금액과 제시하는 금액의 차이가 너무 커서 대화가 되지 않아 서로 감정만 나쁘게 될 수가 있다. 이렇게 껄끄럽고, 얼굴 붉

힐 수 있는 말은 우선 내용증명이나 메시지를 통해서 하는 것이 순차적이고 효과적이다.

내용증명의 주 내용은 '낙찰 전에 유치행위를 포기하면 적정선에서 합의금(향후 소송비용이나 시간에 대한 기회비용 정도나 수익성을 고려한 적정금액)을 지불할 수 있으나, 낙찰 후에는 경매절차상 법대로 진행할 수밖에 없어 그나마도 어려울 것이고 설령, 내가 낙찰받지 못하고 다른 사람이 낙찰받는 경우라도, 형사소송으로 이어지는 것이 통상적으로 일어나는 일'이라고, 강하게 메시지를 전하는 것이 좋다. 만약 유치권자 만나기 전에 유치권성립이 안 되는 입증자료 한 가지라도 확보했다면, 그에 대한 설명과 증거서류를 동봉하고, 간단하게 판례의 내용도 첨부해서 강하게 압박하는 것이 좋다.

이러한 협상 과정은 상당히 중요하다. 경매를 좀 알고 한다는 사람들도 가짜가 많고 물건분석 결과 허위가 확인되어 상당히 낮은 가격으로 높은 수익을 올릴 수 있는데도 선뜻 참여를 못 하는 데는 다 이유가 있다. 허위유치권에 대한 입증과 인도 과정에 인도소송이나 형사소송으로 이어지는 어려움 등으로 선불리 입찰에 참여를 하지 못하는 이유도 있지만, 유치권이 설정된 물건은 금융권에서 대출을 안 해주는 것에는 더 큰 이유가 있다.

100% 자기자본 가지고 투자한다면야 문제가 없지만 대부분

의 투자자들은 사정이 그렇지 않다. 설령 자금이 충분하다고 하더라도 수익률 측면에서 은행 돈을 쓰게 되어 있다. 그렇다면 어떻게든 매각대금대출을 받을 방법을 찾는 것이 입증서류 확보하는 일만큼 중요하다. 그리고 그것이 어떤 경우에도 소송으로 가는 열차를 타지 않는 최선의 길이다. 다소 수익성이 떨어지는 한이 있더라도 말이다.

유치권자의 유치권포기각서

유치권을 주장하는 자가 유치권을 포기하는 경우 낙찰자인 매수인은 유치권을 인수하지 않아도 된다. 매각대금 대출을 받을 수 있어 투자 자금의 융통에 숨통이 트이고, 소송 등에 휘말리지 않고 무난하게 목적 부동산을 명도할 수 있다. 어려운 과정을 거친 만큼 결과는 만족스러울 것이다. 앞서 설명한 바와 같이 입찰 전에 강·온적 방법을 사용해서라도 유치권포기각서를 받아야 하는 이유다. 일단, 합의금에 대해 의견 결정이 나면 즉시 유치권포기합의서나 각서를 작성한다.

〈표 5-5〉 유치권포기합의서

유치권포기합의서

사건번호 : ○○법원　　타경　　호 부동산○○경매

위사건 부동산의 유치권자(○○○)를 '갑'이라 하고(○○○)를 '을'이라 해 합의금 금******원을 '을'이 '갑'에게 지불하고 '갑'은 유치권을 포기하기로 합의를 해 아래와 같은 조건으로 약정을 한다.

-아　래-

1. 유치권포기서의 효력은 '을'이 위 사건 부동산의 최고가매수인으로 선정되고 매각결정이 확정된 후 합의금 전액을 '갑'에게 지불 시에 발생한다.
2. 합의금 수령과 동시에 유치권자인 '갑'은 권리를 상실하고 목적 부동산의 전부에 대한 점유를 해제하고 '을' 또는 그 승계인에게 즉시 양도한다.
3. 점유행위 중 설치된 시설이나 비품 등은 '갑'의 비용으로 철거하고 반출한다. 만일 그렇지 않을 경우 '을'이 임의로 처리하고 비용은 합의금에서 공제 후 지불한다.
4. 유치권포기합의서를 작성 후 '갑'이 제삼자에게 양도했을 시는 그 양수인도 본 내용을 승계한 것으로 한다.
5. 본 유치권포기합의서는 '을'의 승계인에게도 유효하다.
6. 유치권포기의 효력이 발생 후 타인의 점유가 발생 시 그 타인은 불법침입자로, 유치권자인 '갑'은 배임행위 등 형사적 책임을 진다.
7. 본 유치권포기서는 '을'의 패찰로 인해 위 사건 부동산을 취득할 수 없어 합의금이 지불되지 않으면 무효로 한다.
8. '을'이 낙찰자로 확정 후 이행을 하지 않을 시는 '갑'에게 배상을 해야 하고 '갑'이 이행을 거부할 경우 민, 형사상의 책임을 진다.

이상의 약정내용을 증 하기위해 쌍방 서명날인 후 1부씩 각 보관한다.

2020년　　월　　일

첨부서류 : '갑'의 인감증명서 ○부(합의금 수령 시 교부)

'갑'유치권자 :　　　　날인　　연락처 :
'을'매 수 인 :　　　　날인　　연락처 :

〈표 5-6〉 유치권포기각서

유치권포기각서

사건번호 : ○○법원　　타경　　호 부동산○○경매

위사건 부동산의 유치권자는 매수인과 원만한 합의를 해 유치권금액조로 금******원을 지불 받으면 유치권을 포기하기로 합의를 해 이에 각서로 확약하고 교부한다.

· 첨부서류 : 인감증명서(합의금 지불 시 교부) ○부

2020년　　월　　일

유치권신고자 :　　　　　날인　연락처 :
주　　　　소 :

매수인　　　　귀중

낙찰 후 입증서류

유치권이 걸려 있는 물건을 낙찰받으면 낙찰받은 기쁨도 잠시, 유치권자 내보낼 걱정과 매각잔금 조달에 대한 걱정이 앞

선다. 다행히 입찰 전에 유치권자와 합의가 있었다면 낙찰의 기쁨을 만끽할 수가 있지만 그런 형편없이 입찰 전 유치권자가 허위라는 심증이나 추정만으로 집행기록상의 유치권 관련 서류만으로 입증할 요량으로 낙찰받았다면 자칫 소송이라는 장거리 열차를 탈 수 있다.

왜냐하면, 신고가 없는 경우는 말할 것도 없거니와, 〈표 5-2〉에서 보듯 유치권물건 30건 중 24건이 신고되어 있다 해도 첨부서류도 없는 신고서만 달랑 우편으로 제출했을 가능성을 배제할 수가 없기 때문이다. 이런 경우에는 집행기록에서 입증서류를 확보하기가 어렵다. 실질적으로 이러한 일이 비일비재하게 일어나고 있다. 그럼에도 불구하고 우선 집행기록에서 찾아보아야 한다. 경매 절차상 최고가매수인으로 선정되면 입찰 전에 검색할 수 없었던 집행기록을 열람하고 필요한 자료를 복사해 증빙서류로 활용할 수 있다. 해당 경매계에 보관되어 있는 집행기록을 통해 소송이라는 긴 시간을 단축시키고 인도명령으로 단시간에 목적 부동산을 인도받을 수 있는 입증서류를 찾아야 한다.

첫째, 유치권의 기본인 점유여부를 확인할 수 있는 서류로는 경매 사건 목록상의 '현황보고서와 감정평가서'와 권리관계 확인의 기본인 '등기사항 전부증명서'와 공사업체의 '법인등기부등본'이 있음은 앞서 설명한 바와 같다. 입찰 전이든 낙찰 후든 유치권성립 여부를 확인할 수 있는 가장 중요한 서류들이다.

둘째, '유치권포기각서'나 '현장명도각서', 그리고 '유치권배제신청서'를 확인한다. 이러한 서류는 입찰 전에 근저당설정은행 등 채권자로부터 확인하거나 확보해야 할 서류들인데 그럴 사정이 여의치 않아 확보가 안 됐다면 집행기록에서 확인해야 한다. 확인결과 접수가 되어 있다면 충분한 입증서류로 활용할 수가 있다.

그러나 유치권배제신청은 해당 은행이나 경매 신청자 등 채권자가 유치권신고가 접수됐을 경우 유치권신고서를 법원으로부터 송부받아 그 내용의 부당성을 설명하고 조목조목 반박하는 내용으로, 유치권신고서가 부실해도 그것이 허위인지 진짜인지 실질적 심사를 하지 않고 신고를 받고 공시하는 것처럼, 유치권배제신청도 같은 맥락으로 유치권을 배제해달라는 서류가 접수됐다는 것만 공시할 뿐이다. 낙찰자가 조사하고 소명해야 할 사항들을 은행이 대신 정리해주었다고 보면 되는 서류다. 다행히 유치권배제에 관련된 입증서류가 첨부되어 있다면 향후 인도명령 신청 시 증거서류로 활용할 수 있는 중요한 입증서류가 될 수 있다.

셋째, 유치권신고서의 첨부서류다. 유치권신고서의 첨부서류는 집행기록에서 확보할 수 없는 경우가 많다. 경매 절차에서 유치권신고를 한다 해서 배당을 받는 것도 아니고, 안 한다 해서 유치권이 소멸되는 것도 아니고, 첨부서류를 제출하지 않는다고 해서 신고를 안 받는 것도 아닌 마당에, 허위유치권자가 많은 현실에서 과연 그들이 신고서와 함께 유치권을 증명하는 서류를 제대로 첨부할지 의문이다. 만일 제출했다면 그런 서류들은 틀림없이 부풀리거나 그럴듯하게 작성한 허위서류일 텐데, 그만큼 제출할 가능성이 작다. 유치권신고자가 유치권의 권리를 주장하기 위해 첨부하는 서류들의 종류를 보면 공사도급계약서, 견적서, 세금계산서, 영수증, 기성급청구서, 점유관리일지, 임대차계약서 등이 있다.

서류 하나하나 일일이 설명하지 않아도 알 만한 서류로 만일, 이러한 서류들이 신고서와 함께 첨부되어 있다면, 계약서 등에 유치권을 배제하는 특약이 있거나, 서류의 진위나 허위작성을 가려 허위유치권을 입증하는 서류로 얼마든지 활용할 수 있다.

06 낙찰 후 허위유치권 해결하기

인도명령의 신청

유치권이 있는 물건의 승패는 인도소송이라는 장거리 열차를 타지 않고 낙찰 전후에 명도합의를 해서 인도를 순조롭게 받거나, 짧은 시간 안에 인도명령을 결정을 받는 데 있다. 지금까지 유치권의 성립요건에서부터 유치권 파헤치는 방법을 학습한 것은 결국 낙찰받고 어렵지 않게 경매 부동산을 인도받기 위한 과정이다.

법원은 유치권이 신고된 물건은 진위 유무와 상관없이 인도소송을 원칙으로 처리하고 있다. 그런 이유로 유치권금액이 크거나 내용이 부실하고 증거도 불충분하다 판단되면 인도명령을 기각하고 소송으로 돌리는 것이 법원의 입장이라 보면 된다.

인도소송 대상 사건을 소송이 아닌 인도명령으로 사건을 종결시키는 법원의 입장에서는 그만큼 기각시킬 수 있는 사유를 더 꼼꼼히 챙겨볼 것은 당연한 처사라 본다. 그러나 입찰 전이나 낙찰받은 후 유치권의 성립요건이 부적합하거나 허위나 가장유치권임을 밝혀내고 그에 대한 확실한 증빙서류를 확보했다면 그 서류를 첨부해 인도명령을 신청하면 인도명령 결정을 받아낼 확률이 높다. 그러나 그렇다고 해서 다 인도명령 결정을 받아낸다는 보장은 할 수 없다. 인도명령 신청서의 신청이유를 증거서류로 잘 활용해 논리적이고도 치밀하게 작성해서 판사를 이겨야 한다.

인도명령 신청서 작성요령

유치권과 같은 까다로운 물건의 인도명령을 받기 위해서는 소장에 준할 정도의 신청서를 작성해야 한다. 즉, 인도명령 신청서만 보고도 바로 인도명령 결정을 내릴 수 있도록 내용을 설득력 있게 작성하고 증거자료도 첨부만 할 것이 아니라, 중요 내용을 캡처해서 신청서 본문에 삽입해 별도로 증거서류를 살펴보지 않고 신청서만 보고도 인도명령 결정을 내릴 수 있도록 하는 등 증거자료를 적절하게 배치해 쉽고 편하게 이해하도록 작성하는 것이 좋다.

'이왕이면 다홍치마'라고 내용도 충실하고 증거를 확인하기도 쉽게 공들여서 작성해 판사(2020년 7월 1일 사건부터 부동산 인도명령1심사건 관할이 판사에서 사법보좌관으로 업무이관)를 편하게 해주는 그런 신청서면 더 낫지 않겠는가! 이렇게 작성된 신청서가 인도명령이 인용될 가능성이 커지고 결정문이 나오는 속도도 빠르다는 것이 대다수 법률 전문가들의 의견이다.

경매법원 주변에는 직업적으로 하는 일이지만 낙찰자에게 도움을 주는 법무사(사무장 또는 직원)가 있다. 이들의 주 업무는 대출 알선과 등기업무 등인데, 낙찰자가 업무를 의뢰하면 인도명령 신청을 서비스로 해주는데, 이렇게 서비스로 해주는 인도명령은 전 소유자나 임차인의 인도명령을 하는 등 일반 물건인 경우에는 가능할 수도 있다.

그러나 대항력이 있는 물건이나 유치권이 걸린 물건처럼 사실관계가 복잡하고, 사안에 따른 입증서류를 검토하고 다양한 판례를 적용해 신청이유를 구성해야 하는 사건에서는 법무사의 서비스를 사양하는 것이 좋다. 인도명령 신청서는 치밀하고 완벽하게 작성해야 하는데, 법무사가 무보수 서비스 차원에서 해주는 것은 통상적 문구를 사용하는 등 내용 구성을 책임감 없이 하기에 낙찰자에게 도움이 안 되고 오히려 기각될 확률이 높다.

더욱이 부동산 인도명령1심은 판사에서 판사의 업무를 보조하는 사법보좌관으로 업무가 이관되어 실무적인 면에서는 경험이 풍부할 것이나 사건을 결정하는 판사업무의 경험이 많지 않거니와 직책에서 오는 부담감으로 웬만하면 기각시키고 소송으로 돌릴 가능성이 충분하기 때문에 그만큼 더 엄격하게 심사할 가능성이 크다.

유치권 인도명령 신청서 작성하기

낙찰 전 유치권자와의 합의로 목적 부동산을 순조롭게 인도받는 것이 최상의 결과지만, 형편이 그렇지 않을 경우 인도명령이 차선책이자 해결의 정점이라 봐야 한다. 인도명령은 매각대금을 완납하고 소유권이전등기를 촉탁함과 동시에 무조건 해야 한다. 또한, 유치권의 인도명령 신청 시에는 반드시 점유이전금지가처분도 하는 것이 좋다.

유치권소송으로 가서는 안 된다. '소송은 이겨도 이기는 것이 아니다'란 말이 있듯 상당히 어렵다. 어떻게 하든 인도명령으로 사건을 마무리해야 한다. 인도명령 신청서 작성에 조금이라도 소홀함이 없이 온갖 정성과 심혈을 기울여야 하는 이유다.

〈표 5-7〉 부동산 인도명령 신청서

부동산 인도명령 신청서

사건번호 : ○○법원 2020타경 ***** (*)호

신청인(매수인) : ○○○ 연락처 :

○○시 ○○구 ○○동 ○○번지

피신청인: ○○○ 연락처 :

○○시 ○○구 ○○동 ○○번지

신청취지

○○법원 2020타경 *****(*)호 부동산 임의(강제)경매 사건에 관해 '피신청인은 신청인에게 별지목록 기재 부동산에 대해 인도하라'라는 재판을 구합니다(첨부, 증1).

신청이유

※ 당사자의 지위 관계를 정확하게 기재한다.

1. 당사자의 지위

신청인은 ○○법원 2020타경 *****(*)호 부동산임의(강제)경매 사건의 매수인으로 2020년 ○월 ○일에 매각대금을 완납해 소유권을 취득하였고, 피신청인은 해당 부동산에 점유를 하며 허위유치권 행위를 하는 인도명령 대상자 입니다(첨부, 증2, 3).

※ 그 밖에 피신청인이 소유자, 채무자, 임차인, 공사업자, 등 실질적으로 점유하고 유치권행사를 하는 자의 지위에 대해 정확하게 소명하고 기술하면 된다.

※ 등기부등본, 임대차계약서, 도급계약서, 유치권신고서 등 대상자를 소명하는 서류의 중요부분을 캡처해서 내용과 함께 확인할 수 있도록 삽입하고 별도 첨부한다.

※ 인도명령대상자라는 법적근거와 판례를 인용하고 입증서류를 제시한다. 주장하는 문장은 되도록 이해하기 쉽게 간결하고 요점을 정확하게 기재한다. 요점에 대해서는 가, 나, 다 순으로 배열해서 문장을 정리하는 것도 한 방법이다.

2. 경매기입등기이후에 점유를 개시한 경우

가. 경매기입등기이후에 점유가 개시됐음이 증명되어 압류의 처분금지 효에 저촉되는 점(첨부, 증3),

나. 등기부등본상의 경매기입등기일자와 집행관의 현황조사일자를 확인한 결과 현황조사서상에 유치권자의 점유사실이 기재가 없다는 점(첨부, 증4, 5),

다. 감정평가서상의 현황사진이나 감정평가 란에도 유치권자의 점유행위에 대한 기재가 없다는 점(첨부, 증6),

다. 그러므로 유치권자의 점유는 경매기입등기이후에 개시가 된 것임이 입증된 불법점유자로 인도명령의 대상이라는 점.

※ 이런 식으로 요점을 간결하고 쉽게 부각시켜 기재를 하고, 압류시점을 확인할 수 있는 등기부등본과 경매 사건목록의 현황보고서와 감정평가서, 유사사건의 판례를 인용해 설명하고, 중요부분을 캡처해서 내용과 함께 확인할 수 있도록 삽입하고 증거서류를 첨부한다.

3. 결론

이에 피신청인을 허위유치권자로 인도명령을 내려주시기를 바랍니다.

첨부서류

증1. 부동산표시목록 1부
증2. 낙찰대금완납증명원 1부
증3. 유치권신고서 1부
증4. 판례 사본 1부
증5. 등기사항 전부증명원 1부
증6. 현황보고서사본 1부
증7. 감정평가서사본 1부 현장사진

2020년 월 일

위 신청인(매수인) : ○○○ 날인

○○법원 귀중

지금까지 유치권이 성립하지 않는 경우 중 경매 기입등기이후에 점유를 개시한 경우를 예로 들어 설명하고 작성해보았다. 그 외에도 유치권이 불성립되는 사실이 입증되고 증거서류가 확보됐다면 사안에 따라 신청이유를 기재하고 증거서류를 첨부하면 된다.

확실한 증거 한 가지라도 인도명령을 받을 수 있고, 만약에 한 번에 안 되면 잔금 납입 후 6개월 이내에는 여러 차례라도 인도명령 신청이 가능하다. 그러나 늦으면 늦을수록 이자비용 등 손실이 큰 만큼 한 번에 끝낸다는 생각으로 준비를 하는 것이 좋다.

그런데 낙찰 전 입증서류를 확보하지 못하고 집행기록에서 확보할 요량이었는데 유치권신고서만 달랑 있을 뿐 첨부서류가 없거나 유치권신고조차 하지 않아 입증할 수 있는 서류가 없다면 어찌해야 할까?

유치권에 대한 정보나 입증서류 확보도 없이 저지르고 보자는 식으로 무모하게 덜컥 낙찰받는 투자자는 거의 없다고 보지만, 그럼에도 불구하고 이런저런 이유로 그렇게 일이 벌어졌다고 해도 인도명령의 끈은 놓아서는 안 된다. 부딪쳐서 해결하는 방법을 찾아봐야 한다.

인도명령으로 입증서류 찾고 해결하기

인도명령에 대해 민사집행법 제136조 1항에 따르면 '법원은 매수인이 매각대금을 낸 뒤 6월 이내에 신청하면 채무자, 소유자, 부동산 점유자에 대해 부동산을 매수인에게 인도하도록 명할 수 있다. 다만 점유자가 매수인에게 대항할 수 있는 권원에 의해 점유하고 있는 것으로 인정되는 경우에는 그러하지 아니하다'. 동법 4항에서는 '법원은 채무자 및 소유자 외의 점유자에 대해 인도명령을 하려면 그 점유자를 심문해야 한다. 다만 그 점유자가 매수인에게 대항할 수 있는 권원에 의해 점유하고 있지 않음이 명백한 때에는 심문하지 않아도 된다'라고 규정하고 있다. 이러한 법 규정에 따라 채무자나 소유자 외의 점유자를 상대로 그 점유를 풀고 인도해달라 인도명령 신청을 하는 것이다.

〈표 5-8〉은 법원의 기본양식으로 피신청인을 구분해서 작성하고 증빙서류를 첨부해서 신청하면 법원은 법 규정에 따라 서면심리만으로 인도명령의 허부를 결정할 수도 있고 또 필요하다고 인정되면 상대방을 심문하거나 변론을 열 수도 있다. 신청인(매수인)이 인도명령 신청을 하게 되면 피신청인이 소유자나 채무자인 경우 서면심리로 인도명령이 결정 나겠지만, 그 외의 부동산 점유자에 대해서는 심문이나 변론을 하도록 되어 있는 법 규정에 따라 심문을 하기 위해 심문서를 발송하게 된다.

〈표 5-8〉 부동산인도명령서 법원 기본 서식

부동산인도명령 신청

사건번호　　　타경

신청인(매수인) :

○○시 ○○구 ○○동 ○○번지

피신청인(임차인) :

○○시 ○○구 ○○동 ○○번지

위 사건에 관해 매수인은　　.　.　.에 낙찰대금을 완납한 후 채무자(소유자, 부동산점유자)에게 별지 매수부동산의 인도를 청구하였으나 채무자가 불응하고 있으므로, 귀원 소속 집행관으로 하여금 채무자의 위 부동산에 대한 점유를 풀고 이를 매수인에게 인도하도록 하는 명령을 발령해 주시기 바랍니다.

년　　월　　일

매수인 :　　　　　(인)

연락처 :

지방법원 귀하

☞유의사항

1) 낙찰인은 대금 완납 후 6개월 내에 채무자, 소유자 또는 부동산 점유자에 대해 부동산을 매수인에게 인도할 것을 법원에 신청할 수 있습니다.
2) 신청서에는 1,000원의 인지를 붙이고 1통을 집행법원에 제출하며 인도명령 정본 송달료(2회분)를 납부하셔야 합니다.

〈표 5-9〉 심문서 예시

서울중앙지방법원

심 문 서

사건 2020타인123 부동산인도명령
(20**타경****부동산 강제경매)

위 사건에 관해 신청인(매수인)이 피신청인을 상대로 별지목록 부동산을 신청인에게 인도할 것을 명하는 인도명령을 신청하였는바 피신청인은 이에 대해 주장할 내용이 있으면 이 서면이 도달한 날로부터 7일 이내에 서면으로 밝혀주시고 그에 대한 증거자료가 있으면 함께 제출하기 바랍니다.

2020년 월 일

판사 ○○○

심문서를 송달받고도 기한 내에 서면에 의한 의사표시가 없을 시는 인도명령을 인용해 결정된다. 그러므로 심문서를 송달받은 피신청인은 기한 내에 반드시 의견서나 증거서류를 제출할 것이다. 그러고는 심문기일에 참석해서 입증서류를 근거로 자신은 유치권자로서 적법하게 점유하고 있고 인도명령의 대상자가 아님을 주장하는 진술을 하며 적극적으로 변론을 하고 그에 따라 인도명령을 기각해달라고 요구할 것이다.

'신청인은 상대방의 점유 사실만 소명하면 충분하고, 그 점유가 신청인에게 대항할 수 있는 권원에 의한 것임은 이를 주장하는 상대방이 소명해야 한다.' (대법원 2012. 5. 25자 2012마388 결정)

이러한 의견서와 입증서류를 받은 법원은 서면검토는 물론 심문을 하기 위한 기일을 정해 당일 당사자에게서 변론을 듣고 인도명령의 가부를 결정하게 된다. 매수인 입장에서는 유치권의 성립 여부를 가릴 수 있는 입증서류를 확보하지 못한 상태이고 정보 또한 취약하기 때문에 심문 과정에서 유치권이 쟁점화되기를 기대할 것이다. 유치권자가 제출한 의견서나 입증서류로 유치권성립이 안 되는 증거를 찾아 인도명령 결정을 받아내기 위한 고육책의 수단이라 볼 수 있는데 서면심사에 의한 기각처리가 안 되고 심문기일까지 정해지면 일단은 뜻한 바대로 된 것이라 볼 수 있고 결정을 받아내는 일만 남았다.

법원은 신청인(매수인)에게도 점유사실에 대한 보정명령을 통해 소명자료를 요청할 수도 있다. 사실 점유사실에 대한 입증자료는 확보하기가 쉽지 않다. 점유란 말이 추상적이어서 어떨 때 점유가 인정되는가가 문제다. 그러나 간단하다. 점유는 외형만 갖추고 있어도 법원은 점유하고 있다고 인정해버린다는 것이다.

예를 들어, 건물 열쇠를 점유자가 갖고 있다면 실제로 건물에 거주하고 있지 않아도 점유가 인정되며, 간단한 경고문 등을 부착만 해놓아도 점유는 인정될 수 있다는 것이다. 이러한 사실을 소명하면 되고, 앞선 현장답사 조사요령에서 설명한 바와 같이 해당 부동산의 이해관계인을 수소문해서 만나고 주변 탐문조사를 통해 신청인의 점유 사실에 대한 증거를 수집하고 녹취라도 해서 한두 가지라도 준비해야 한다.

그리고 피신청인 자신이 유치권자로 점유를 하고 있다고 스스로 밝힌 이상 그 의견서나 점유 사실 확인서류로 점유사실에 대한 소명서류로 역제출하는 방법도 생각해볼 수 있다. 그러나 심문기일이 정해졌다면 매수인(신청인)은 피신청인이 유치권의 권리가 처음부터 없었거나 유치권이 소멸 내지는 상실한 불법유치권자임을 밝히는 일이 가장 중요하다.

여기까지 오기가 어려웠지, 이제 유치권을 파헤치는 일은 그리 어려운 일이 아니다. 피신청인이 유치권자임을 소명하기 위해 진술한 의견서와 확실한 증거서류가 있지 않은가! 그동안 현장답사를 통해서도, 집행기록에서도 확보할 수 없었던 유치권 관련서류가 확보된 것이다.

심문기일 전에 법원으로부터 복사본을 교부받아 꼼꼼하게 검토해서 유치권이 성립되지 않는 이유를 찾아 반대의견서를 제출하고 심문기일에 판사에게 충분한 설명을 통해 인도명령 결정을 받으면 된다.

이와 같은 방법은 유치권에 관한 증거서류를 확보하지 못한 상태에서 인도명령을 신청하는 방법이긴 하지만, 대항력 있는 권원에 대한 법원의 의견은 인도소송인 만큼 법원은 유치권자의 적법성을 따지기보다는 외관에서 나타난 성립요건이 충분하다고 보며 여기에 중점을 두고 판단을 할 수 있기 때문에 명도소송으로 다투라는 취지로 기각시키는 경우가 있으니 조심해야 한다.

인도(명도)소송

인도명령이 기각되면 명도소송으로 갈 수밖에 없다. 명도소송까지 각오하고 낙찰을 받았다면 모를까, 그렇지 않다면 상처뿐인 영광일 수 있다. 소송으로 가면 변호사를 선임한다 해도 최소 1년은 잡아야 하는데 승소한다는 보장도 없이 긴 세월을 힘들게 가야 한다. 그러나 만일 기각되더라도 포기하지 말고 증거서류를 더 보완해서 다시 신청하거나, 즉시항고나 재항고를 통해서라도 명도소송까지 가는 일은 없도록 하는 것이 중요하다. 인도명령으로 끝내야 하는 절대적 이유다.

허위유치권에 대한 형사적 대응

'유치권은 99%가 가짜'라는 말은 유치권이 성립되기가 그만큼 어렵다는 얘기다. 그런 만큼 복마전 양상처럼 가짜들이 판친다. 정당한 유치권이 성립하지 않았음에도 불구하고 유치권 요건에 해당되는 것처럼 조작해 유치권행사를 하거나, 공사금액을 부풀려 유치권신고를 하는 경우, 채무자나 소유자가 공사업자와 공모해 가격을 떨어트리고 낙찰받을 목적으로 유치권신고를 하는 경우, 목적물과 견련성이 없는 제삼자, 소위 경매브로커들이 채무자나 소유자 또는 공사업자와 담합해 유치권자 행위를 하며 상당한 금액의 합의금을 요구하는 경우 등 다양한 이유를 들이대며 유치권행사를 한다.

현행 민사집행법상 경매법원은 신고된 유치권에 대한 진정성 여부에 대해 판단할 법적 근거나 이를 규제할 제도적 장치가 마련되어 있지 않다. 이러한 경매 제도상 미비한 법의 허점을 악용해서 가짜유치권이 경매 시장을 혼탁하게 만들고 있는 것이다. 이런 허위유치권자들을 상대로 때로는 합의를 해야 하기도 하고. 인도명령을 통해서 인도를 받아야 하고, 최악의 경우 소송을 하기도 해야 하는 것이 유치권이 걸린 물건의 해결방법인 것이다. 이러한 민사적 방법 외에 허위유치권을 원인으로 해서 형사적으로 대응을 할 수 있는 방법이 있다. 어떠한 법이 있는지 알아보자.

위계에 의한 경매 방해죄(형법 제315조)

공사대금이 없음에도 불구하고 있는 것처럼 꾸미거나 얼마 안 되는 공사대금 잔금을 많이 못 받은 것처럼 부풀려 신고하는 경우가 비일비재하다. 이 같은 행위는 유치권이라는 권리로 수차례 유찰하게 한 후 헐값에 자신이 매수하거나 매수인과 합의를 통해 돈을 챙기려는 수법이다. 이렇게 허위채권이나 부풀린 채권으로 유치권신고를 하면 위계에 의해 경매의 공정을 해한 죄로 경매 방해죄에 해당되어 금액이나 죄질에 따라 징역형의 실형을 선고받는다.

사문서위조죄 및 행사죄(형법 제231조)

유치권을 행사할 목적으로 채권증서나 공사도급계약서를 허위로 위조하거나 변조해 법원에 제출한 경우 사문서위조 및 행사죄에 해당되어 처벌받는다.

그 외에도 경매 업무방해죄, 재물손괴죄, 권리행사방해죄 등 허위유치권의 행사에 대해 형법상 무거운 처벌이 있고, 민사상으로도 가장유치권자의 점유로 매수인이 매각대금 납부일로부터 목적물을 인도받을 때까지 그 지연에 대한 손해배상은 물론, 채권자의 손해가 발생 시는 유치권신고자에게 유치권 신고금의 30%에 해당하는 손해배상을 하도록 한 판례도 있다.

지금까지 유치권 전반에 대해 살펴보았다. 유치권이 걸린 물건은 낙찰돼도 유치권이 소멸되지 않으면 낙찰자에게 채무적 부담이 돌아가게 되므로 보상이 합의되지 않는 한 소멸되지 않는다.

우선 응찰 전에 쟁점사안에 대해 현장조사와 이해관계인을 만나 먼저 해결하고 입찰하는 것이 가장 기본적인 유치권 해결 방법이다. 그리고 허위유치권이란 사실을 입증할 수 있다면, 낙찰 후에는 인도명령과 강제집행을 통한 인도와 사기나 경매 방해죄 등 형사처벌도 가능하다는 점을 적극적으로 활용해 경매 물건과 연루된 이해관계자들에게 역공을 가할 수도 있다. 상대방에게 강온전략을 적절히 구사해 적은 비용으로 합의해서 해결하는 것이 최선의 방법이다.

그러나 이러한 진짜를 가장한 가짜유치권을 발견하고 대항하기 위해서는 많은 학습과 다양한 노하우가 쌓여야 한다. 낙찰자 본인이 충분히 학습되어 있고 확실한 증거와 그에 따른 판례를 인용해서 직접 작성할 자신이 있을 경우 시도해도 되지만, 부족하다면 무조건 포기하거나 두려워하기보다는 경매 전문가나 법률전문가에게 자문하거나 의뢰해서 해결하고 취득하는 방법도 충분히 해볼 만하다.

Part 06

공유지분

01 공유의 개념

공유(公有)라는 말을 모르는 사람은 없을 것이다. 그 물건 친척들 공유야, 친구들 간에 어울려 산 물건이야, 상속재산이야, 부부공동지분이야 등, 공유란 말은 우리가 일상에서 흔하게 듣는 말이다. 즉, 하나의 물건이 한 사람의 소유가 아니라 여러 사람의 소유로 되어 있는 '공유물'을 뜻하는 말이다. 그리고 이러한 공유물 즉, 공유물건에 대해 각자가 가지는 소유비율을 '공유지분'이라 한다. 이러한 공유의 개념에 대해 '민법 제262에서는 ① 물건이 지분에 의해 수인의 소유로 된 때에는 공유로 한다. ② 공유자의 지분은 균등한 것으로 본다'라고 규정하고 있다.

공유지분의 소유비율에 대해서는 공유자 간의 약정이나 계약에 의해 그 지분의 비율이 정해지고 부동산 등기법에 의해 지분등기를 해야 하는데 만일 등기를 하지 않고 단순히 공유등기만 되어 있을 경우에는 지분이 균등한 것으로 추정한다는 것이다.

이렇게 2인 이상 여러 사람이 물건 하나를 쪼개서 권리를 가지고 있기 때문에 공유물을 팔고 싶어도, 쪼개서 사용하고 싶어도, 이래저래 공유물을 사용·수익하고 싶어도, 마음대로 할 수도 없다. 하지만 생면부지의 다른 사람과 공유자가 되어 이러쿵저러쿵 공유물의 관리나 수익 등에 대해 갑론을박하며 나눠 먹고 싶지도 않고, 그렇다고 지분을 처분하자니 살 사람이 극히 제한되어 있어 그 또한 쉽지 않다. 결국, 내 소유권을 가지고 내 마음대로 할 수 없는 부분이 너무 많고 복잡하기 때문에 이러한 지분 물건들이 수회 유찰되며 경매 시장에서는 취득하기가 까다로운 특수 물건으로 취급하는 것이다.

공유지분의 권리

공유지분은 공유물에 대해 공유자 각자가 가지는 소유권으로 다른 공유자의 동의 없이 자유로이 '자신의 지분을 처분할 수가 있고, 공유물 전부를 자신의 비율로 사용, 수익할 수가 있다'라고 '민법 제263조'에서 규정하고 있는데, 이는 공유자 자신의 지분을 양도하거나 담보를 제공하고 돈을 빌려 쓰는 행위에 대해 다른 공유자의 동의 필요 없이 단독으로 행사를 할 수 있다는 말이다.

또한, 공유자 사이에 공유자의 동의 없이 처분하지 않겠다는 특약이 있다고 하더라도 그에 대한 효력은 약정한 당사자 간의 채권적 효력밖에 없을 뿐 처분행위에 영향을 미치지 않는다.

그러나 자신의 지분을 매각하거나 저당권을 설정은 가능하지만, 자신의 지분상에 지상권, 전세권, 등의 용익물권이나 임차권 등을 설정하는 것은 불가하다. 이는 물건 하나에 전세권 등 물권이 중복으로 설정할 수 있게 되어 일물일권주의에 반하기 때문이다.

공유물의 처분과 변경

공유물에 대한 공유지분은 공유자의 동의 없이도 처분 등의 권리를 마음대로 할 수 있지만, 공유물은 다른 공유자의 동의 없이 마음대로 처분하거나 변경할 수가 없다. 그런데 그렇지 않은 경우도 있다. 예를 들어, 한 필지의 토지를 매입하면서 공유자 서로가 위치와 면적을 지정해서 매입했다면 특정된 자신의 물건을 처분도 할 수 있고, 그 부분에 대해서 배타적으로 사용수익을 할 수 있는데 이를 '구분소유적 공유'라 한다.

공유물의 관리와 보존

'민법 제265조'에서는 '공유물의 관리행위는 공유자 지분의 과반수로 결정한다. 그러나 보존행위는 각자가 할 수 있다'라고 정하고 있다. 관리행위란 공유물의 처분이나 변경에 이르지 않을 정도의 이용이나 개량행위를 말하는데, 이 같은 행위는 공유물의 지분을 2인이 각각 1/2씩 소유하고 있으면 과반수가 되지 않기 때문에 단독으로 할 수 없고 상대의 동의를 얻어야 가능하다는 것이다. 반대로 공유물의 지분을 과반수 이상을 가진 자는 다른 공유자의 동의 없이 공유물을 임대하거나 또는 사용하고 수익을 올릴 수 있는 방법 등을 결정하는 등 그 관리행위를 독자적으로 할 수 있다는 것이다. 그러나 공유물 관리행위의 일환으로 발생한 수익에 대해서는 공유지분별로 분배를 해야 하는데 만일 지분에 상응하는 수익금을 받지 못한 지분권자는 법원에 부당이득금 반환 소송을 통해 청구할 수 있다.

02 지분 경매, 해볼 만한 이유

지분 경매의 장점

이렇든 공유물은 사용, 수익, 처분 등이 어렵고 여러 가지 난해한 일들이 기다리고 있어 선불리 입찰에 참여하지 못하는데 그럼에도 불구하고 유치권 등 여타 특수 물건과 마찬가지로 누군가가 가져간다. 자세히 들여다보면 돈 되는 구석이 있다는 것이다. 그렇다면 어떠한 장점이 있어 해볼 만한 것인지 간단하게 살펴보도록 하자.

첫째, 소액으로도 취득이 가능하다.

〈표 6-1〉 전국 법원 지분 매각 현황(2020. 11. 6 기준)

검색결과 : 1,037 건

상태	유찰 790	신건 193	재진행 54			
경매 용도	임야 337	전 203	답 153	대지 91	주택 60	도로 35
	아파트 27	콘도 26	공장 25	다세대(빌라) 17	근린상가 15	묘지 10
	과수원 8	근린주택 6	잡종지 4	상가 4	종교시설 3	다가구 2
	기타 2	공장용지 2	오피스텔 2	목장용지 2	펜션 1	농가시설 1
	창고 1					

출처 : 마이옥션 정보 제공

〈표 6-1〉에서 확인할 수 있듯 지분매각의 물건을 검색하면 전국적으로 상당히 많은 물건이 꾸준히 매각 대상으로 나오고 있다. 이러한 지분매각 물건들을 훑어보면 1,000만 원 이하의 물건은 물론, 몇십만 원 언저리의 물건들도 보인다. 경매로 재테크를 해보려고 하면 적은 돈으로도 얼마든지 해볼 수 있다는 것이다.

둘째, 낮은 경쟁률에 저렴한 가격으로 취득할 수가 있다.

지분매각 물건은 아파트를 제외한 전 종목에서 3회 차 이상은 기본으로 유찰되고 있지만, 경쟁률이 높지 않은 것이 통상적이다. 낙찰가도 감정가 대비 50% 전후에 낙찰된다. 그만큼 저렴하게 취득할 수가 있어 높은 수익도 기대할 수가 있다는 이야기다.

〈표 6-2〉 전국 법원 지분매각 3회 유찰 이상 진행 현황(2020. 11. 6 기준)

☰ 검색결과 : 246 건

상태	유찰 237	재진행 9				
경매 용도	임야 83	전 52	답 36	콘도 24	도로 11	주택 8
	대지 8	다세대(빌라) 6	공장 6	근린상가 4	묘지 3	목장용지 1
	농가시설 1	창고 1	펜션 1	오피스텔 1		

출처 : 마이옥션 정보 제공

셋째, 매수인이 정해져 있다.

부동산을 취득 후 처분하려면 불특정 다수에게 정보를 제공하고 기다려야 하는 등 매수인 선정의 폭이 넓지만, 지분 부동산의 매수자는 대부분이 해당 부동산의 공유자로 정해진다. 아무리 가치가 없어 보이는 부동산이라도 기존의 공유자에게는 꼭 필요하거나 관리상의 어려움 등의 이유로 매입의 필요성이 발생하기 때문이다.

넷째, 단기간에 수익 창출도 되고 환금성도 빠르다.

낙찰받은 지분이 다른 공유자에게는 중요하거나 필요한 물건이라면 낙찰받은 후 빠른 시간 안에 매각되는 경우가 많다. 이런 경우 수익의 많고 적음이 문제일 뿐 환금이 빨리 된다.

다섯째, 수익 창출을 다양화할 수 있다.

지분을 꼭 공유자에게 매각하는 방식으로만 수익을 창출할 수 있는 것은 아니다. 투자성이 좋아 기대가치 증대 예상 시는 적당 기간 보유할 수도 있고, 기존 공유자의 지분을 매입할 수도 있다. 또한, 공유자가 사용하거나 수익이 발생하고 있는 경우 부당이득금을 청구해 이득금을 받을 수도 있고, 부동산의 종목에 따라 현물분할이나 대금분할을 통해 권리를 챙기는 방법 등 경우의 수가 다양하다.

이처럼 지분 투자는 여러 가지의 장점이 많다. 그렇다고 단점이 없는 것은 아니다. 대출이 잘 안 된다든지, 매각 대상이 한정되어 있다든지, 관리하기가 쉽지 않다든지 등 어려움이 있지만 그런 어려움은 일단 낙찰받고 나면 얼마든지 해결될 수 있는 부분이다.

부동산은 단기보다는 중장기로 보고 투자하는 것이 기본적 투자 마인드다. 단기차익의 실현을 바라고 투자했지만, 꼭 그렇게만 되지 않는 것이 부동산 투자다. 투자 종목에 따라 낙찰 후에 어떻게 처리할 것인가에 대해 사전 계획을 세우겠지만, 지분 투자라 해서 반드시 단기차익만을 보고 투자해야 한다는 생각을 버릴 때, 원하는 결과가 발생할 수 있다.

03 지분 경매 투자 정석

지분 경매에 참여하는 투자자들 대부분은 소액으로 단기차익을 보고 참여하는 경우가 많다. 그러나 투자 금액이 적든 많든 지분 경매로 투자해서 뜻한 대로 결과를 만들기 위해서는 자신만의 룰을 정하고 시작하는 것이 좋다. 투자의 정석이라 할 수 없다 하더라도 몇 가지 기본적 사항을 점검하고 시작하는 것이 도움이 된다.

첫째, 관심이 가는 지역에서 종목을 정하고 하자.

〈표 6-1〉에서 보듯 다양한 종목의 많은 지분 물건이 경매 시장에 쏟아져 나온다. 처음 시작한다면, 토지(농지, 임야, 대지 등)

나 건물, 건물 중에도 주택(아파트, 다세대. 연립, 단독주택 등)이나 상가 등 종목을 단순화해서 작금의 부동산 경기 동향도 훑어보고, 자신이 비교적 잘 알고 관심이 가는 특정 지역에서 종목을 선정하고 시작하는 것이 좋다. 종목을 가리지 않고 하다 보면 물건 선별하기도 어렵고 전문성도 떨어지고 권리분석도 난해해지기 때문이다.

둘째, 다른 공유자의 경제력을 파악하자

등기사항 전부증명서(등기부등본)상에 다른 공유자의 경제력을 파악해 공유자 우선매수권을 행사할지를 파악한다. 등기상에 과도한 근저당이나 적은 금액이라도 가압류 등이 있으면 공유자 우선매수권 행사의 가능성이 낮지만, 나의 지분을 사드릴 여유가 없을 수도 있어 자칫 매각기간이 오려 걸려 환금성에 문제가 있을 수 있다.

셋째, 여유자금으로 시작하자

지분 물건은 대출이 안 되는 경우가 많지만, 대출은행의 가치 판단에 의해 설령 된다 하더라도 여유자금으로 하는 것이 좋다. 지분매각을 빨리 하고 싶다고 해서 원하는 대로 쉽게 되는 일이 아니고, 협의가 안 돼 소송으로 가거나 형식적 경매로 가는 경우에는 상당한 시간이 소요된다는 것을 염두에 두고 입찰에 참여해야 한다.

넷째, 과도한 욕심은 금물이다

단기차익을 목적으로 매입 시는 지나친 욕심을 버리고 많은 수익을 기대하기보다는 공유자의 매수 제안을 따르고 원만하게 합의한다는 생각을 가지고 시작한다.

다섯째, 공유자 우선매수 신청은 무시해라

관심물건에 공유자 우선매수 신청이 될 거라 예상하지 말고 입찰에 참여할 필요가 있다. 모든 공유자가 공유자 우선매수 신청을 행한다고는 볼 수 없다. 제도를 몰라서, 생업이 바빠 매각기일 놓쳐서, 1회 사용으로 기회를 잃어버려서, 공유자 간의 도의적 문제로 눈치를 보다가, 욕심을 내고 유찰을 기대하며 신청을 안 하는 등의 일들이 의외로 많다.

헛품 판다 생각하지 말라는 의미다. 지분 경매가 아니더라도 패찰로 헛품 파는 일이 비일비재한 만큼, 적극적으로 입찰해볼 만하다.

04 지분 물건 찾기

지분 물건에 투자하고 싶은데 막상 정보를 훑어보면 〈표 6-1〉에서처럼 물건이 항시 넘친다. 막연하게 이 지역 저 지역, 이 물건 저 물건 종목 가리지 않고 찾다 보면 지치고 해 넘어간다. 도대체 어떤 물건을 찾아야 할까? 여기에는 요령이 좀 필요한데 간단하다. 평소 자신이 비교적 잘 알고 있으면서 관심이 가고 기회가 되면 어떤 형태로든 투자해보고 싶은 특정 지역이나 자신의 거주지를 중심으로 가까운 곳에서 먼 곳으로 종목 선정을 한 후, 시작하면 되는 것이다.

급할 것 없지 않은가! 원하는 물건이 안 나오면 기다리고, 기다리다 보면 물건은 계속 나온다. 그렇게 찾으면 된다. 범위를 좁히고 종목을 단순화하면 물건 찾기도 용이하고 권리분석을 심도 있게 할 수 있다. 그런 후에 넓게 나가고 종목을 넓히면 된다. 그것이 기본이고 정석이다.

사실, 어떤 물건이 좋고 나쁘고, 환금성이 좋고 나쁘고를 객관적으로 평가하기는 쉽지 않다. 대상 물건을 취득하려는 목적이나 이유가 다 다르고 각자의 주관적 판단에 의해 결정되기 때문이다. 그러나 일반적 투자의 관점에서 볼 때 종목 불문하고 물건을 찾는 공통적 요령은 있다.

그중 몇 가지를 살펴보도록 하자.

지분 물건 찾기 공통요령

공유자가 2~3인 이내인 물건을 눈여겨보자

공유자가 많으면 매각협의 대상이 많아 그에 따른 어려움이 생긴다. 또한, 공유자 간에 다른 공유자들의 지분 확보 필요성이 그만큼 덜 할 수도 있어, 자칫 지분소유가 장기간으로 이어질 가능성이 커진다. 또한 다른 공유자와의 협의 불발로 인해 부당이득금반환이나 공유물분할청구소송을 하더라도 모든 대상자를 상대로 일반송달, 특별송달 등 여러 차례의 송달을 해야 하기에 소요되는 돈과 시간적 낭비가 너무 크다. 수익률이 괜찮다 싶어도 공유자가 많은 물건은 피하는 것이 좋다.

공유자 나이가 많은 물건은 피하자

공유자의 나이가 많으면 상속 등으로 인해 공유자가 많아질 수 있다. 공유자가 이미 사망했지만, 상속등기가 안 된 상태라면 공유자의 배우자를 비롯해 자녀들이 전부 공유자가 된다. 형제지간이라 해서 공유자가 한 명이 아니고 각자 매각협의를 해야 하기에 더 어려워진다.

공유자가 거주하는 물건을 찾자

아파트나 연립 등 공동주택이나 단독주택에서 부부나 부모·형제 등 공유자가 공동으로 살고 있는 지분 물건은 투자 1순위라 할 정도로 가장 해볼 만한 물건이다. 공유지분이 달라질 경우 거주하는 공유자 입장에서는 타인 지분에 대한 거부감과 공유물분할청구소송이나 부당이득반환청구소송 등을 통한 경매처분으로 살고 있는 집이 넘어갈 가능성도 염두에 두어야 하기 때문에 매수인 지분 매입에 더욱 적극적일 수 있고, 반면 매수인 입장에서는 유리한 협상을 할 수 있다.

대항력 있는 임차인이나 선순위 권리가 없는 물건

권리분석에 있어서 선순위 권리가 있는 물건은 임차인의 보증금 등을 인수해야 하는 부담이 있어 주의 대상이다. 지분 경매도 마찬가지다. 심도 있게 분석해서 인수냐 소멸이냐를 판단해서 입찰해야겠지만 일단 이런 권리가 있는 물건은 피하는 게 좋다.

과반수 이하의 소형지분을 취득하는 것이 좋다

전체 부동산을 관리할 목적이거나 장기적으로 보유하며 가치상승이나 임대수익을 바라고 취득하면 모를까, 그렇지 않고 단순 투자의 개념이라면 1/2을 넘지 않는 지분을 취득하는 것이 좋다. 그래야 과반수의 지분을 가진 공유자 또는 그에 미치지 못하는 공유자와의 매각 협상에서 유리할 수 있다. 생면부지의 눈엣가시 같은 지분자로 인해 관리상의 어려움이나 수익분배에 불편함을 느낄 것이고, 또한 공유자의 부당이득금이나 공유물분할청구권 행사 등 자신의 재산권 침해에 대한 염려로 과반수 이하의 적은 지분을 사들일 가능성이 크기 때문이다.

전체 부동산의 가치도 판단해야 한다

토지든 건물이든 단순히 지분에 대한 투자만 한다 해서 전체 부동산의 가치판단을 소홀히 해서는 안 된다. 지분이 걸린 전체 부동산을 취득한다 생각하고 평가하고 판단해야 한다. 보유기간 중의 일정한 임대수익도 고려해야 하고, 협의에 의한 매각도 안 되고, 분할도 성립이 안 되면 소송에 의한 형식적 경매로 전체 부동산 매각 시에 취득가액과 낙찰가액과의 그 차액에 대한 수익성도 고려해야 하기 때문이다.

그리고 가격 상승이 충분히 기대되고 임대나 매수세가 꾸준히 있는 역세권의 부동산이라든지, 신도시예정지, 산업단지예정지, 도로예정지나 철도 등 교통망 설치지역 등과 재건축·재개발 등 정비지구 내의 지분 물건에 부담 없는 자금으로 투자했다면, 괜찮은 부동산에 알바기로 보유한다 생각하면 된다. 가치가 충분하고 임대수익까지도 기대되는 물건이라면 설령 협의매각이 잘 안 된다 해도 초조해하거나 애쓸 것 없다.

미등기건물은 피하자

불법건물이거나 미등기건물이 있는 부동산은 될 수 있는 대로 피하는 것이 좋다. 굳이 취득한다면 동사무소나 시, 군, 구청 등에 철거 대상인지, 과태료가 어느 정도인지, 보존등기의 가능성은 있는지 등 그 사유를 정확히 파악한 후 취득해야 한다. 취득 후에 과태료나 보존등기를 하는 등 추가비용에 대한 부담이 있을 뿐만 아니라, 공유자 간의 협의가 원만하지 않을 가능성이 충분하기 때문이다.

이밖에도 외국인이 거주하는 주택은 피한다든지, 고려해야 할 점이 더 있지만 중요 내용은 앞과 같다. 이러한 사항들을 잘 살펴보고 물건을 찾으면 입찰을 결정하는 데 도움이 되고 낙찰 후에도 좋은 결과를 기대해도 되지 않을까 싶다.

05 지분 물건의 점유자 처리 방법

건물의 공유지분을 낙찰받은 후 점유자의 처리 방법은 그 지분비율이 과반수 이상이냐 과반수 미만이냐에 따라 다르고, 점유자가 공유자 또는 채무자냐, 임차인이 점유하고 있는 경우에는 대항력이 있느냐, 없느냐에 따라 그 대응 방법과 부담을 달리한다. 단기차익 실현이 목적이거나 중장기 투자에 의한 기대수익이 목적이거나 상관없이 지분 물건을 경매로 낙찰받으면 매각 이전에 우선 점유자의 관계를 정리하는 것이 첫 번째다. 간단하게 짚어보고 가자.

낙찰받은 지분이 과반이 넘을 때

과반 미만의 공유자 또는 그 채무자가 지분 물건의 전부를 점유하고 관리하고 있는 경우

과반 이상의 지분을 낙찰받은 매수인은 잔금 납부와 동시에 인도명령을 신청할 수가 있고, 인용을 받아 해당 부동산을 인수받은 후 임대를 놓는 등 관리행위를 할 수 있다. 그러나 물건의 기대가치가 충분해 향후 잔여지분을 매입할 계획이 있는 경우에는 지분을 점유하고 있는 공유자를 상대로 부당이득금반환소송을 통한 경매 절차에서 공유자 우선매수권을 행사해 나머지 지분을 매입할 수 있는 기회로 삼을 가능성도 있으므로 무조건 인도명령 신청을 하지 말고 취득 목적에 따른 협상 상황에 대한 유불리를 따져보고 하는 것도 처리의 한 방법이다.

대항력 있는 선순위임차인이 점유하고 있는 경우

대항력 있는 선순위세입자의 임차보증금은 특별매각조건에 매수인이 전액 부담한다는 등 별다른 내용의 기재가 없다면 목적물 전체에 대한 경매가 아니고 공동임대인 중 1인의 공유지분에 대한 경매 절차라 하더라도 임차인의 배당요구가 있을 시에는 임차인의 보증금은 공유자의 지분비율에 따라 해당하는 금원만을 배당하는 것이 아니라 임차보증금의 불가분성(不可分性)에 의해 전액 배당한다.

만일 부족한 금액이 있거나 배당요구가 없을 시는 매수인이

전액 부담을 하고 임차인을 명도한 후, 공동임대인인 다른 공유자가 부담해야 할 그 지분에 상응하는 임차보증금을 청구할 수 있다. 이런 경우에도 잔여지분을 매입할 계획이 있다면, 대신 지불한 임차보증금을 이유로 매입협상을 하거나, 여의치 않다면 부당이득금반환소송을 통한 경매 절차로 공유자 우선매수 신청을 해서 추가로 지분을 매입할 수 있는 기회로 삼을 수도 있다.

대항력 없는 임차인이 점유하고 있는 경우

대항력 없는 임차인은 인도명령 대상자로 신청을 통해 인용을 받아 인도받으면 된다. 또한, 대항력을 갖춘 임차인이라도 과반수 미만의 다른 공유자와 임대차계약을 했다면 그 계약 자체는 임대할 권한이 없는 무권리자와 체결한 계약으로 임대차보호법의 적용을 받지 못한다. 이런 경우 매수인은 임차보증금을 부담하지 않아도 되고 인도명령을 통해 인도받으면 된다.

낙찰받은 지분이 과반이 되지 않을 때

과반 미만의 소수 지분권자가 목적물 전부를 점유하고 관리를 하고 있는 경우

과반 미만의 지분을 낙찰받은 소수 지분권자는 다른 소수 지분권자(1/2 이하 지분권자)가 점유하고 있는 자신의 지분에 대해 관리행위나 보존행위를 원인으로 인도명령을 신청할 수가 없다. 예를 들어, 부부가 각1/2의 지분을 소유하고 있는 아파트의 1/2 지분을 경매로 매수하고, 아파트 전부에 대한 관리행위로서의 인도명령이 아닌 그 지분에 국한된 보존행위라도 인도명령이 불인정되고 단지, 자신의 지분권에 대한 방해배제청구를 할 수 있을 뿐이다. (대법원 2020. 6. 12자 2020마5186 결정 참조)

종전판결(대법원 1994. 3. 22. 선고)에서는 소수 지분권자의 지분권에 대한 보존행위를 근거로 인도명령을 인용받을 수 있었다. 그러나 새로운 판결로 인해 인도명령을 인용받기가 어려울 것으로 보인다.

그러나 인도명령이 어렵다고 지분매각이나 매수까지 어려울 것이라고 보지는 않는다. 실무에서 보면 점유하고 있는 소수 지분권자에 대한 인도명령 신청은 목적물을 인도받기보다는 협의에 우위를 점하기 위한 압박수단으로 활용하는 것으로, 현실적으로 인도명령의 인용을 받아 강제집행 등의 방법으로 아파트 등 주택을 인도받아 공유자와 함께 거주하며 사용·수익하기란 불가능하기 때문이다.

인도명령 신청이 아니더라도 공유지분이 달라질 경우, 거주하는 공유자 입장에서는 타인 지분으로 인한 주거생활의 불안정이나 타인에 대한 거부감과 공유물분할청구소송이나 부당이득반환청구소송 등을 통한 경매 처분으로 사는 집 전체가 넘어갈 가능성도 염두에 두어야 하기 때문에 오히려 매수인의 지분매입이나 지분매각에 더 적극적일 수 있다. 이러한 이유로 지분물건 중에 공유자가 거주하는 주택 등의 물건들이 협의를 통한 지분처리가 빠른 시간 안에 해결되는 경우가 많다.

과반 이상의 다수 지분권자가 목적물 전부를 점유하고 관리를 하고 있는 경우

과반 미만의 지분을 낙찰받은 소수 지분권자가 다수 지분권자(과반 이상)에 대해 자신의 지분권을 원인으로 공유물인도청구를 해도 허용되지 않는다. 판례는 소수 지분권자의 다수 지분권자에 대한 공유물인도청구에 대해 다수지분권자의 관리사항결정권(관리행위)에 배치되기 때문에 허용될 수 없다는 점을 명백히 했다. (대법원 2001. 11. 27. 선고 2000다336368, 33645 판결 참조)

임차인이 점유하고 있는 경우

과반 미만의 지분을 낙찰받은 소수 지분권자는 임차인의 대항력 유무와 상관없이 임차인에 대한 인도를 청구할 수 없다. 단, 소수 지분권자와 임대차계약을 통한 점유 시는 인도명령 신청이 가능하다.

06 지분 물건 처리 방법

공유지분은 비교적 적은 투자 금액으로 단기간에 차익을 실현할 목적이거나, 중·장기적으로 가치 상승을 기대하며 추가로 지분 매입을 하거나, 보유 지분에 따른 보존이나 관리를 통해 그 기간 중에 발생하는 임대수익을 바라고 투자하는 경매시장의 틈새 물건이라고 할 수 있다.

그런 이유로 최근에는 투자자들이 지분 물건에 부쩍 관심을 가지고 투자하는 경향이 늘고 있다. 취득 목적이 단기차익이든, 중·장기 보유에 의한 가치실현이 목적이든 간에 해당 지분을 낙찰받았다면 다른 공유자와 공유관계에 대한 협의를 하고 그 결과에 따른 해법을 찾아야 한다. 협의하려면 다른 공유자와의 소통이 필요한데, 통상적 방법이지만 직접 만나서 하는 방법, 전화 등 통신에 의한 방법과 내용증명에 의한 소통 방법이 있는데, 어느 방법이든 자신의 상황에 맞게 활용해서 협의하면 된다.

소통의 수단으로 가장 많이 활용하고 있는 것은 내용증명에 의한 방법이다. 어떤 방법으로든 자신의 의중을 정확하고 단호하게 전달하는 것이 중요하다.

내용증명 보내기

낙찰 결정이 확정되면 곧바로 협의를 시작하는 것이 좋다. 연락처를 알고 있다면 메시지 등을 통해 연락하거나 공유자가 거주하고 있는 건물이라면 방문해서 대화를 나누는 것도 좋은 방법이다. 점유자에 대해서 인도를 하기 위한 어려운 만남이 아니라 공동소유자로서 공유물처리에 대해 협의차 대등한 입장에서 만나는 일이라 선입감을 가질 이유는 없다. 그러나 그런 방법이 내키지 않고 만남이 껄끄럽다고 생각되면 내용증명을 먼저 보내면 된다.

내용증명을 보내기 위해서는 다른 공유자들의 정확한 주소와 연락처가 필요하다. 등기부등본상의 주소이거나, 최고가매수인 신분으로 열람 가능한 집행기록을 해당 경매계에 열람·복사를 신청해서 파악하면 된다. 만일 주소불명으로 반송이 되면 등기부등본과 반송된 배달증명서를 첨부해서 읍·면·동사무소를 방문해서 신청하면 현재 거소의 초본 발급이 가능하다.

내용증명은 ① 경매로 지분 물건을 취득했다는 사실관계 ② 공유자로서 향후 건물과 토지의 보존이나 관리 등에 관여할 것이라는 내용 ③ 사용수익하고 있는 공유자나 임대수익에 대해 지분비율만큼의 배분을 요구한다는 내용 ④ 공유물분할을 청구할 것이라는 내용 등 지분권리자로서 권리행사를 할 것이라는 내용을 기재해서 알리면 된다. 다른 공유자의 의중을 알기 위한 내용이면 족하고 그 반응에 따라 협상의 방향을 잡으면 된다.

경매로 취득한 공유지분권자로부터 이러한 내용을 전달받은 공유자의 입장에서는 기존 공유자 간에 평온·공연하게 유지되던 질서가 무너지는 것에 대해 상당한 거부감과 불편함을 느낄 것이고, 특히 부부 공유이거나, 종중 부동산, 상속 부동산 등 특별히 지켜야 할 부동산일 경우에는 생면부지의 낯선 사람이 지분권행사를 하는 행위를 막으려 할 가능성이 충분하다.

의사전달을 받은 공유자로부터 협의에 대한 반응이 오게 되면 어떤 방법이든 그 선택은 경매로 취득한 공유지분권자에게 있다고 본다. 취득 목적에 따라 유연하게 협의를 하면 되는데, 통상적으로 세 가지의 처리 방법에 의해 해결된다.

협의에 의한 해결 방법

내 지분을 다른 공유자에게 매각한다

단기매매를 통한 차익 실현을 목적으로 취득한 매수인이 할 수 있는 가장 좋은 방법으로, 이 방법 외에는 달리 방법이 없다는 생각으로 최선을 다하는 것이 좋다. 다른 공유자로부터 지분매수에 대한 의사표시가 있으면, 감정시세이거나 낙찰가격에 적당한 가격을 얹어 협의하고, 지나친 욕심을 버리고 신속하게 처리하는 것이 최선의 방법이다.

다른 공유자의 지분을 인수한다

다른 공유자와의 협의매각이 여의치 않고 상대방의 자금이 여의치 않고 또 다른 공유자 상호 간의 이해관계로 인해 매입을 주저하는 경우가 있을 시 낙찰가격을 역으로 제시하고 인수하는 방법도 있다. 이러한 방법은 첫 번째 방법보다는 자금과 매각 시간이 좀 더 들겠지만 수익을 더 극대화할 수는 있다.

대상 물건 전체를 매각한다

지분매각이나 지분인수에 대한 가격이 맞지 않거나 여러 가지 이해가 상충되어 협의가 어려울 때는 제삼자 매각을 통한 현금분할을 하는 방법도 있다. 물론 공유자들 간에 전체매각에 대한 합의가 있어야 하겠지만 이러한 방법을 시도해보는 것도 한 방법이다.

이러한 세 가지 방법이 공유자와 협의를 통해 해결하는 방법이다. 보유를 통한 수익이 목적이 아니라면 다소 어려움이 있더라도 끈질기게 할 필요가 있다. 적당선의 양보라는 당근과 소송이라는 압박수단을 협상의 카드로 적절히 활용해서라도 최선을 다해서 협의에 의한 해결로 처리하는 것이 좋다.

그러나 첫 번째의 의사전달에도 불구하고 다른 공유자로부터 아무런 반응이 없다든지, 끝내 협의가 되지 않는다든지 하면 사용자에 대한 사용수익이나 임대수익에 대한 부당이득을 청구하고 아울러 공유물분할청구소송을 할 것임을 내용증명을 통해 최후 통보한다. 그 후에도 협의의 의사가 없을 때는 소송을 통해 그 해법을 찾아야 한다. 소송에 의한 지분처리 방법에는 크게 두 가지의 방법으로 해결을 구하는데, '부당이득반환청구소송'과 '공유물분할청구소송'의 방법이다.

부당이득반환청구소송에 의한 방법

협의에 의한 해결 제시에도 불응하고 공유자가 공유물을 사용해 이득을 보거나 공유물 전부를 임대해 임료에 대한 수익이 발생할 경우 지분매수인은 자신의 지분에 상응하는 부당이득을 청구할 수 있고, 불응할 시에는 그 공유자에 대해 부당이득금에 대한 반환청구 소송을 통해 지급에 대한 판결을 받을 수 있다. 이러한 판결에도 불구하고 부당이득금을 지불하지 않을 경우에는 그 판결문을 권원으로 해당 공유자의 지분을 강제경매 신청한 후 부당이득금을 배당받거나, 추가 매입할 가치가 충분한 부동산이라면 공유자 우선매수권을 행사해서 그 지분을 취득할 수도 있다.

공유물분할청구소송에 의한 방법

협의매각 등이 안 되면 지분매수인은 다른 공유자를 상대로 구분적 공유관계가 아닌 공유물에 대해 분할을 요구할 수 있다. 그러나 공유물의 현물분할에 대한 협의가 성립되기는 현실적으로 그 가능성이 희박하고 이러한 분할요구는 소송으로 가기 위한 명분일 뿐 사실상 공유물의 현물분할은 쉽지 않다.

건물의 경우 현물분할은 거의 불가능에 가깝고 제한도 많아,

대지나 임야, 농지 등 토지에 주로 활용된다. 그러나 지분의 많고 적음이 절대적 기준이 되지 않으며, 공유물의 성질, 위치나 면적, 도로의 이용 상황, 분할 후의 사용에 대한 경제적 가치나 효용성 등의 이유로 이해가 상충되기 때문에 이 또한 협의가 쉽지 않다.

설령 협의가 된다손 치더라도 토지는 '국토의 계획 및 이용에 관한 법률 제56조'에 따라 건축물이 있는 대지를 제외한, 녹지지역·관리지역·농림지역 및 자연환경보전지역 안에서 관계법령에 따른 허가·인가 등을 받지 아니하고 행하는 토지의 분할이나 '건축법 제57조 제1항'에 건축물이 있는 대지의 최소분할면적 미만으로의 토지의 분할, 관계법령에 의한 허가·인가 등을 받지 아니하고 행하는 너비 5m 이하로의 토지의 분할에 대해서는 금지하는 등 허가를 받아야 한다고 규정해 토지분할허가제를 실시하고 있다.

이에 따라 각 지방자치단체에서는 도시계획조례로 토지분할 허가기준을 규정하고 있다. 즉, 구체적인 분할 목적 등을 담은 서류를 제출해 까다로운 심사를 받아야 한다. 이 과정에서 실수요가 아닌 투자 목적의 땅 쪼개기로 판명 나면 지방자치단체는 분할 허가를 내주지 않는다.

우리 민법은 토지의 분할에 대해 '현물분할'을 원칙으로 하고 있는데 분할의 방법에 대해 살펴보면 '① 분할의 방법에 관해 협의가 성립되지 아니할 때에는 공유자는 법원에 그 분할을 청구할 수 있다. ② 현물로 분할할 수 없거나 분할로 인해 현저히 그 가액이 감소될 염려가 있는 때에는 법원은 물건의 경매를 명할 수 있다'라고 규정하고 있다. (민법 제269조)

결국, 공유물분할요구는 협의를 위한 최후의 수단으로 가장 강한 압박수단이라 할 수 있다. 그럼에도 불구하고 협의에 응하지 않아 불가분 소송을 하게 된다면 소송을 하기 전이든 동시 진행이든 '처분금지가처분'을 신청하는 것이 좋다. 만일, 공유물분할청구소송절차 진행 중에 다른 공유자가 자신의 공유지분에 관해 담보권을 설정하는 경우나 다른 공유자가 자신의 공유지분을 제삼자에게 처분하는 경우, 복잡한 절차상의 문제와 소송 기간 지연 등의 방지 차원에서 반드시 해야 한다.

이렇게 공유지분을 낙찰받고 매각이나 매수 등의 협의나 현물분할의 협의가 되지 않아 공유물분할의 소송제기를 하면 법원은 현물분할 하기가 곤란하거나 분할이 가능하다 해도 이익을 볼 공유자는 없고 손해만 발생한다고 판단되면 현금분할의 판결을 한다. 이러한 판결 집행문을 권원으로 강제경매 신청을 하게 되는데, 이러한 경매를 '형식적 경매'라고 한다.

민사집행법상의 경매는 집행권원을 가진 채권자나 담보권자의 채권회수를 위한 강제경매나 임의경매를 말하는데, 형식적 경매는 채권자의 채권회수를 위한 경매가 아닌 공유자 간의 현금분할을 목적으로 하는 경매다. 이러한 형식적 경매는 담보권 실행 등에 의한 경매(임의경매)의 방법으로 민사집행법상의 규정과 법원의 절차에 따라 진행을 하지만, 실질적 경매와는 집행법원의 매각조건에 따라 권리소멸과 인수에 차이가 있어 유의해야 한다.

이렇듯 소송과 형식적 경매를 통해 해결하는 방법이 있지만 여기까지 오게 되면 최소 1년에서 2~3년 이상의 시간이 소요돼 득보다는 실이 많은 경우가 생길 수가 있다. 그렇다고, 형식적 경매를 통해 매각된다 해서 매수금액보다 높은 가격에 매각된다는 보장도 없어, 반드시 수익을 보장받는다고 할 수도 없고, 오히려 긴 소송에 지쳐 수익보다는 빨리 해결되기를 바라는 결과도 생긴다. 그래서 '소송은 이겨도 진 거나 다름없다'라는 말이 회자되는 것이다. 따라서 앞서 설명한 바와 같이 소송이라는 카드는 협의하기 위한 압박수단으로 최대한 활용해서 마지막까지도 협의로 해결한다 생각하고 진행하는 것이 지분투자의 핵심이라 할 수 있다.

07 형식적 경매와 공유자 우선매수권

형식적 경매

지분 경매에 있어 마지막 해결 방법이 형식적 경매를 통한 현금분할이다. 이러한 형식적 경매는 공유물분할을 위한 경매 외에도 유치권, 이혼소송이나 상속과 관련된 재산분할, 변제자의 변제공탁, 한정승인, 주식 병합이나 분할의 경우와 회사정리계획에 따른 신주 발행 등의 목적으로도 진행된다. 이 중 상당수를 차지하는 것은 공유물분할과 재산분할을 위한 경매로, 주로 이혼소송이나 상속과 관련한 한정승인이 대부분이다.

입찰자 입장에서 보면 형식적 경매는 담보권자의 채권회수 목적이 아닌 재산상의 문제로 나온 물건이기 때문에 비교적 명도가 용이하고 권리관계도 단순한 물건이 많다. 또한, 일반매매로 쉽게 해결하지 못해 나온 물건이 대다수이기 때문에 낙찰가율이 비교적 낮게 형성된다는 특성을 갖는다.

이러한 이유로 지분매수자가 공유물분할을 위한 형식적 경매로 지분에 대한 투자금 회수 시 신중하게 검토해봐야 할 부분이 바로 낮은 낙찰가액이다. 지분매수가격보다 낮은 가격으로 매각되면 시간과 금전적 손실이 너무 크기 때문이다.

〈표 6-3〉 형식적 경매 예시 물건

물건상세검색

검색조건 법원 : 의정부지방법원 | 사건번호 : 2019타경89

사건내역 | 기일내역 | 문건/송달내역 | 인쇄 | < 이전

사건기본내역

사건번호	2019타경89 [전자]	사건명	공유물분할을위한경매
접수일자	2019.12.11	개시결정일자	2019.12.13
담당계	경매3계 전화 : 031-828-0323(월요일은 경매기일로 업무처리가 어렵습니다) (민사집행법 제90조, 제268조 및 부동산등에 대한 경매절차 처리지침 제53조제1항에 따라, 경매절차의 이해관계인이 아닌 일반인에게는 법원경매정보 홈페이지에 기재된 내용 외에는 정보의 제공이 제한될 수 있습니다.)		
청구금액	0원	사건항고/정지여부	
종국결과	미종국	종국일자	

위 사례의 대법원 경매 정보지를 보면 사건명에 '공유물분할을 위한 경매'로 표시가 되어 있고 청구금액은 채권자의 청구금액이 없는 현금분할의 경매이기 때문에 '0원'으로 표기되어 있음을 볼 수가 있다. 이 두 가지 사항은 공유물분할을 위한 경

매에 필수 기재사항으로, 이러한 물건이 지분 물건에 대한 형식적 경매 물건이다.

형식적 경매에서 권리의 소멸과 인수는?

강제경매나 임의경매 등 실질적 경매에 있어서의 권리의 소멸과 인수는 '법정매각조건'에 따라 결정된다. 그러나 형식적 경매에 있어서는 법정매각기준에서 정해진 소멸과 인수의 규정과 달리 집행법원의'특별매각조건'에 따라 권리부담의 인수와 소멸이 달라진다.

매각조건이란, 법원이 부동산을 매각해 그 소유권을 매수인에게 이전시키는 데 지켜야 할 조건, 즉 경매의 성립과 효력에 관한 조건으로, '법정매각조건'과 '특별매각조건'으로 구분된다.

'법정매각조건'이란, 모든 경매 절차에서 공통으로 적용되도록 민사집행법이 미리 정해놓은 매각조건이다. 예를 들면, 잉여주의, 소멸주의, 인수주의, 최저 매각가격 미만의 입찰불허, 신청보증금액, 대금 지급 의무, 배당 관련 규정, 소유권 취득시기, 매수인의 인도청구나 인도명령에 대한 관련 규정, 농지자격증명원 제출 같은 경매 절차상 당연한 조건 등이 해당한다. 법정매각조건에 의해 매각이 실시되는 경우에는 매각기일에 그 매각조건의 내용을 일일이 일반인이나 이해관계인에게 특별히 알릴 필요가 없다.

이에 반해 '특별매각조건'은 공통적으로 적용되는 법정매각 조건과 달리 이해관계인의 합의에 의한 조건과 집행법원의 직권에 의한 조건으로 구분해서 특별히 알려야 할 조건을 말한다.

이해관계인 간의 합의 가능한 조건으로는 매각대금의 지급 방법과 시기, 물권의 인수, 소멸에 관한 사항 등이 있고, 법원 직권에 의한 조건으로는 재매각 시 신청보증금의 할증, 공유자 우선매수 신청 1회 제한 등이 있다.

형식적 경매에 있어서 가장 중요하게 보아야 할 부분이 바로 특별매각조건에 '물권부담의 인수와 소멸에 관한 사항'이 기재되어 있느냐의 여부다. 그 기재 여부에 따라 매수인이 권리를 부담하느냐 안 하느냐가 결정지어지는 것이다.

이와 관련된 판례를 살펴보면 '공유물분할을 위한 경매 있어서도 강제경매나 담보권 실행을 위한 경매와 마찬가지로 목적 부동산 위의 부담을 소멸시키는 것을 법정매각조건으로 해 실시된다고 봄이 상당하다. 다만 집행법원은 필요한 경우 위와 같은 법정매각조건과는 달리 목적 부동산 위의 부담을 소멸시키지 않고 매수인으로 하여금 인수하도록 할 수 있으나, 이때에는 매각조건 변경결정을 하여 이를 고지해야 한다.' (대법원 2009. 10. 29. 선고 2006다37908 판결문 참조)

판결 내용에 의하면 형식적 경매도 목적 부동산의 부담을 법정 매각조건상의 소멸주의를 원칙으로 취하지만, 집행법원이 권리소멸과 인수를 특별매각조건으로 할 수 있다고 판결한 바, 해당 물건 소재지의 집행법원이나 물건에 따라 특별매각조건에 의해 낙찰 후에 부동산에 설정된 근저당이나 가압류 등의 권리들을 말소시키는 소멸주의 대신 낙찰자에게 모든 권리들을 인수시키는 인수주의를 택하는 경우가 있어 형식적 경매 물건을 입찰 시에는 집행법원의 매각물건명세서상의 특별매각조건을 반드시 신중하게 확인하고 판단해야 한다.

형식적 경매에서의 배당은?

형식적 경매에서는 실질적 경매에서의 배당과 달리 집행력 있는 정본을 가진 채권자나 경매개시 등기 이후의 가압류권자 등 일반 채권자의 배당요구는 허용되지 않는다. 그러나 민사집행법 제88조의 배당요구권자 중 우선변제권이 있는 채권자의 배당요구에 관해서는 견해가 나뉘고 있지만, 실무에서는 배당하지 않고 매수인이 인수하게 하는 사례가 많다. 특히 우선변제권이 있는 임차인은 인수해야 하고 국세 등 교부 청구에 대해서는 견해를 달리하고 있다. 예외적으로 우선변제권이 있는 채권자라 하더라도 특별매각조건에 배당으로 소멸되는 것으로 명시된 채권은 소멸되고 그 외의 권리만을 인수하게 된다. 결국, 형식적 경매의 경우에는 집행법원마다 경매 절차나 조건이 달라질 수가 있고 견해 또한 나뉘고 있어 판례를 기본으로 해 정확하게 확인한다는 차원에서 입찰 전에 해당 물건의 경매계장에게 제한물권의 인수와 소멸, 우선변제권자와 일반채권자들의 배당 여부 등을 확인 후 입찰에 참여해야 한다.

공유자 우선매수청구권

부동산 경매에 있어서 낙찰자는 결격사유 없이 최고입찰가를 써낸 사람이다. 그러나 공유지분경매에서는 최고가를 써냈다 해도 낙찰자가 되지 못하는 경우가 많다. 바로 공유자 우선매수 제도로 인해 채무자가 아닌 공유자가 우선적으로 매입할 수 있는 자격이 있기 때문이다. 이러한 이유로 인해 열심히 공을 들여도 결과는 공염불이 될 확률이 있기 때문에 입찰자들이 지분 물건 입찰을 꺼린다. 그러나 지분 물건에 투자해 볼 계획으로 경매에 참여했다면 무시하고 무식하게 덤비는 것도 괜찮다.

매각기일 전에 공유자매수신고를 했어도 사정이 변경되어 참석을 못하거나 매각기일 당일 참석해서 눈치를 보다 집행관의 매각종결 고지 후에 매수신고를 하거나 보증금 준비를 못 하는 등 어떤 경우든 잘 안 되는 경우의 수는 나타날 수 있기 때문이다. 어차피 남들이 헛품 판다고 하고 안 하면 그 헛품 팔아보자는 것이다. 그것이 더 기회일 수가 있다. 설령 공유자가 가져간다 해도 그것은 헛품이 아니다. 경매를 하다 보면 패찰은 수없이 하게 된다. 그런 노력이 있어야 좋은 결과도 있기 마련이다.

그러나 민사집행법 제140조 규정에 의해 공유자우선매수를 인정한다 해서 아무런 제한 없이 인정하는 것은 아니다.

공유자 우선매수신청이 인정 안 되는 경우

· 공유물 분할을 위한 경매(형식적경매)
· 공유물 지분의 경매라도 경매 신청을 받은 당해 공유자(물상보증 포함)
· 일괄매각결정 시 매각 대상 전체 부동산(토지+건물) 중 일부에 대한 공유자
· 공유물이 구분적으로 분할되어 있는 구분소유적 공유 관계인 경우의 공유자
· 공유지분을 상속한 경우의 공유자
· 경매개시결정 등기 후에 지분을 매수한 공유자
· 집합건물의 대지권이 목적인 토지의 공유자
· 최고가매수신고인의 적정한 매각에 대해 그 실행을 방해한 공유자

특히, 공유물분할을 위한 형식적 경매에 있어서는 공유자 우선매수권이 인정되지 않고 경매를 신청한 공유자도 일반 입찰자와 동등한 입장에서 경매에 참여해 낙찰을 받아야 한다.

공유자가 공유자매수 신청 후 매각기일에 입찰자가 없어 유찰되면 최저매각가격으로 매수를 하게 되고, 입찰자가 있을 경우에는 최고가매수신고인의 최고가격으로 매수 신청을 해서 보증금을 납부하고 공유자가 낙찰을 받게 된다. 이때 최고가매수인은 차순위 매수신고인의 지위를 갖게 되지만 보증금을 반환받고 포기해도 된다.

이러한 지분 물건에 대해 공유자에게 우선매수권을 부여하자 미리 우선매수권을 행사해서 입찰자의 참여를 막고 가격을 하락시킨 후 또다시 매수권 행사로 저렴한 가격에 낙찰받는 등 부작용이 발생했다. 그래서 대다수 집행법원에서 우선매수권 행사를 1회로 제한하고 있다. 공유자가 우선매수권을 행사했는데 입찰참여자가 없어 유찰되더라도 최저매각가에 매수해야 한다. 만일 신청한 공유자가 최저가에 매입하지 않으면 우선매수권을 박탈하는 것이다.

Part 07

가등기

01 가등기의 종류

소유권에 기한 가등기의 종류에는 장래에 행해질 본등기에 대비에 미리 그 순위의 보존을 위해 임시로 하는 '소유권이전청구권가등기'가 있고, 가등기담보법에 의한 채권담보와 소유권이전을 목적으로 하는 '소유권이전담보가등기'가 있다

소유권이전 청구권 가등기

통상적 '매매계약' 또는 '매매예약'에 있어(유치권이나 점유권을 제외한 등기된 물권 전부) 장래의 불확실성에 대한 권리의 보존을 위해 행하는 등기로 미확정 등의 사유가 해소되어 본 등기할 때의 순위를 가등기 시점으로 소급하는 등기로, 등기부 '갑'

구란의 등기원인에 '매매예약' 또는 '매매계약'으로, 등기목적란에는 '소유권이전 청구권가등기'로 표기된다.

〈사례 1〉

【갑 구】	(소유권에 관한 사항)			
순위번호	등 기 목 적	접 수	등 기 원 인	권리자및기타사항
3	소유권이전청구권가등기	2005년 3월 10일 제1234호	2005년 3월 9일 매매예약	가등기권자 박○○ 서울시 노원구 상계동 00번지

매매예약에 의한 소유권이전 청구권가등기

당장 본 계약을 체결하기 곤란한 사유가 있어 계약을 체결할 수 없으나 나중에 본 계약을 체결하기로 예약하고 가등기를 해 매수청구권을 확보하는 수단으로 활용되고 있거나, 불확실한 경제활동에서 재산 확보 수단으로도 쓰이기도 한다.

매매예약의 가등기를 하면 가등기권자는 당사자끼리 약정한 기간 내에 매매예약완결권 행사를 해야 한다. 만약, 기간을 정하지 않았다면 등기원인일(접수일기준이 아님)로부터 10년 이내에 행사하지 않으면 '제척기간'에 의해 소멸한다(매매예약의 가등기는 제척기간의 적용을 받아 소멸시효와는 달리 중단이나, 정지 등의 영향을 받지 않는다).

경매 물건의 가등기에 있어 입찰자들이 특히 주의할 점은, '등기부상의 소멸시효 10년이 지나면 효력이 없는 것'으로 알고 있는데, 이는 사실과 다르다. 매매예약에 의한 가등기인지, 매매계약에 의한 가등기인지에 따라 제척기간과 소멸시효의 유효기간이 달라지기 때문이다.

만일, 약정기간을 5년으로 하고 그 기간 안에 매매예약완결권을 행사해 그 의사표시가 도달하면 매매예약은 매매계약으로 전환되어 소유권이전 청구권을 취득하게 된다. 그러나 매매예약완결권의 미행사로 그 권리는 소멸한다 해도 그 시점부터 다시 10년의 소멸시효를 따져야 한다. 그래서 가등기 소멸시효 10년을 단정할 수 없고 세밀히 따져봐야 한다는 것이다.

※ **매매예약완결권이란,** 매매를 완결하겠다는 가등기권자 일방적 의사표시로 매매예약을 매매계약으로 바꾸는 형성권이다.

※ **제척기간이란,** 소멸시효와 달리 중단이나 정지 등의 사유의 영향을 받지 않고 일정한 기간 안에 행사하지 않으면 해당 권리가 소멸되는 기간을 말하며 소멸시효보단 강한 규정이다.

※ **소멸시효란,** '권리 위에 잠자는 자 보호받지 못한다'라는 말이 있듯이 정해진 기간 동안 권리를 행사하지 않을 경우 권리를 소멸시키는 민법상 규정으로 가등기의 소멸시효는 10년, 부동산점유취득의 시효를 20년의 완성기간을 두고 있는데, 중단이나 정지 등 사유가 있을 시는 그 시점부터 다시 기간의 산정이 시작한다는 점이 제척기간과 다르다.

매매계약에 의한 소유권이전 청구권가등기

매매계약에 의한 가등기는 장래에 매매계약을 하기로 예약하는 매매예약과 달리 매매계약을 체결 후 잔금 납부기간 동안이나 잔금 납부 후 상당한 기간 동안 소유권이전등기를 할 수 없는 경우, 매도인의 이중매매 등의 행위로 인한 손해를 방지하고 그 기간 동안에 타 권리가 발생 시 우선순위로 권리를 보전하기 위한 예비등기로 장래에 부동산 물권변동을 일어나게 할 청구권을 미리 보전하기 위해 본등기의 준비행위로 일반 부동산 거래에서 흔히 발생하는 형태의 가등기다.

그러나 가등기 접수일로부터 10년간 권리를 행사하지 않을 경우, 소멸시효의 완성으로 소멸한다. 그렇지만 매매예약에 의하든 매매계약에 의하든 가등기권자가 점유할 때는 제척기간이나 소멸시효의 영향을 받지 않는다는 점은 유의해야 한다.

소유권이전담보가등기

돈을 빌려주고 근저당을 할 수도 있지만, 돈을 갚지 못하는 경우에는 부동산의 소유권을 이전해주겠다는 대물반환예약이나 매매예약 등의 담보계약을 하는 형태의 예비등기로, 저당권에 의한 경매를 신청해서 채권회수를 할 수도 있고 가등기에 의한 소유권이전 청구도 할 수 있는 양수겸장(兩手兼將)격인 권리다. 담보가등기권리자가 채권회수를 위해 경매 신청을 하게 되면 저당권의 실행으로 보고 담보권 실행을 위한 경매(임의경매) 절차로 진행되며, 이때 담보가등기가 선순위인 경우에는 말소기준권리에 해당되어 낙찰로 소멸되고 매수인은 가등기 권리를 인수하지 않게 된다.

〈사례 2〉

【갑 구】	(소유권에 관한 사항)			
순위번호	등 기 목 적	접 수	등 기 원 인	권리자및기타사항
2	소유권이전	2002년 7월 7일 제28415호	2002년 7월 6일 매매	소유자 이○○ 서울시 강서구 화곡동 00번지
3	소유권이전담보가등기	2004년 5월 15일 제13972호	2004년 5월 10일 대물반환예약	가등기권자 김○○ 서울시 성북구 정릉동 00번지

등기사항 전부증명서 '갑'구란의 등기목적란에는 '소유권이전담보가등기'로, 등기원인란에는 '대물반환예약'이라는 표기는 누가 봐도 담보가등기임을 알 수가 있다. 그러나 사례 1, 2로 예시한 등기부등본은 가등기의 취득목적과 등기원인을 구분한 등기부를 찾아 제시해본 것으로 실제 이러한 등기부등본은 흔치 않고 '소유권이전담보가등기'도 대다수 등기부등본상에는 '소유권이전 청구권가등기'와 '매매예약'으로 표기되기 때문에 등기부등본상으로 구별하기가 쉽지는 않다. 설령 표기가 '소유권이전담보가등기'로 되었다 해도 경매 진행 시 담보권실행을 위한 권리행사를 하는지는 반드시 살펴보아야 한다.

02 가등기에 대한 권리분석의 핵심

선순위가등기의 구별방법

선순위가등기가 '소유권이전 청구권가등기'인지 근저당과 같은 성격의 '담보가등기'인지를 구별하고 그에 따른 권리분석을 해야 하는데, 등기부상에 순위가 가장 빠른 권리가 '매매예약'에 의한 '소유권이전 청구권가등기'로 표기되어 있어 '소유권이전 청구권'에 의한 가등기인지 '소유권이전담보가등기' 인지 등기부등본상으로는 구별하기가 어렵다. 설령 소유권이전담보가등기로 등기가 되어 있다고 하더라도 진위를 파악하기가 쉽지 않다. 가등기의 실질적인 목적이 무엇인지 알아야 하는데, 등기부등본만 보아서는 알 수가 없다.

그러나 경매 물건에 가등기가 설정된 물건의 권리분석에 있어 그 구별은 그리 어렵지 않다. 가등기된 부동산이 경매로 진행되는 경우에 집행법원은 '가등기담보 등에 관한 법률 제16조 ①항'의 규정에 따라 가등기의 등기목적을 구별하기 위해 가등기권자에게 담보가등기인지 소유권이전 청구권가등기인지를 신고하도록 최고(催告)하고 있다.

이는 법원 경매 정보의 '문건/송달내역'을 살펴보면 간단하게 확인할 수 있다. 문건접수내역에 '가등기권자 ○○○권리신고 및 배당요구 신청서 제출'이라 기재(예시1)가 되어 있거나 '가등기권자 ○○○채권계산서 제출'이라 기재(예시2)되어 있으면 담보가등기로 선순위일 경우, 말소기준권리에도 해당되는 권리가 된다.

이와 반대로 이러한 신고가 없거나 '소유권이전 청구권가등기'로 신고했을 경우, 등기상의 다른 말소기준권리보다 순위가 빠른 선순위라면 매수인이 인수해야 하고 잔금 납입 후 소유권을 취득해도 자칫 소유권을 잃을 수 있는 무서운 권리가 된다.

| 예시 1 | 문건/송달내역

2020.05.07	가등기권자 조OO 권리신고 및 배당요구신청서 제출
2020.05.07	가등기권자 조OO 송달장소 및 송달영수인 신고서 제출

| 예시 2 | 문건/송달내역

2019.09.19	가등기권자 인OOOOOOO 채권계산서 제출

이와 관련된 판례도 살펴보면 다음과 같다.

가등기가 소유권이전 청구권가등기인지, 담보가등기인지 여부는 당해 가등기가 실제상 채권담보를 목적으로 한 것인지 여부에 의해 결정되는 것이지, 당해 가등기의 등기부상 원인이 매매예약으로 기재되어 있는지, 대물변제예약으로 기재되어 있는지 하는 형식적 기재에 의해 결정되는 것이 아니다. (대판 1998. 10.798마1333)

결국, 등기부상의 형식적 기재에도 불구하고 실제로 선순위 가등기권자가 경매를 신청했거나 배당요구나 채권신고를 했다면, 담보가등기로 간주되고 그 권리를 저당권으로 보고 선순위 말소기준권리로서 배당받고 말소된다.

후순위가등기도 살펴보자

말소기준권리보다 후순위가등기는 그 등기 목적이 무엇인지는 불문하고 말소기준권리의 소멸과 함께 소멸되어 매수인에게 부담이 없다. 그러나 가등기가 말소기준권리보다 후순위일지라도 선순위 채권에 대한 대위변제에 의한 순위변동으로 선순위가 될 가능성도 체크해야 한다. 그렇게 되면 소위, '죽은 불이 되살아나는 격'으로, 만일 담보가등기로 행사하지 않고 '소유권이전 청구권가등기'로 그 권리를 행사하게 되면 가등기에 기한 본등기 시 매수인의 소유권은 상실된다. 결국, 낙찰을 포기해야 하는 상황이 발생할 수도 있다.

가등기 물건의 입찰 시 핵심 분석 요약

가등기가 설정된 경매 물건을 입찰하기 위한 가등기 자체의 권리분석은 지금까지 설명한 내용만 충분히 확인하고 검토하면 입찰 여부를 결정할 수 있다. 다시 요약해보도록 하자.

첫째, 등기부등본상에 가등기권자가 실제로 배당요구나 채권신고를 했다면 담보가등기를 저당권으로 보아 권리의 순위가 타 권리보다 늦든 빠르든 배당에 참여하게 되는데, 이때 타 권리보다 우선순위라면 말소기준권리가 되고, 우선변제권에 의해 전액 배당을 받고 말소된다. 선순위가등기가 있는 물건의 권리분석은 의외로 쉽다. 법원경매정보의 '문건/송달내역'에서 집행법원이 가등기권자에게 최고서를 발송했는지 여부와 가등권자가 신고를 했는지 여부만 확인하면, 인수되는 권리인지 소멸되는지 알 수가 있어 그에 따라 입찰 여부를 결정만 하면 된다.

둘째, 선순위가등기권자가 배당요구나 채권신고를 하지 않아 경매 절차상 소멸되지 않는다고 하더라도 입찰해볼 만한 가치가 있는, 또는 필요한 물건이라면 매매예약완결권 행사 여부와 그에 따른 제척기간과 소멸시효의 완성으로 가등기가 소멸되었는지 여부를 꼼꼼히 확인분석 후, 입찰을 결정하면 된다. 만일 가등기 후 소멸시효가 10년이 지난 매매계약에 의한 가등기라면 해당 부동산을 취득 후, 그 소유권에 기한 방해배제청구로서 가등기권자에게 본등기청구권의 소멸시효 종료를 주장해 가등기 말소를 구하면 된다.

셋째, 설령 인수 부담이 없는 후순위가등기라 할지라도 가등기권자의 선순위 채권에 대한 대위변제에 의한 선순위가등기로의 순위변동 가능성을 반드시 확인 후 입찰해야 한다.

이러한 권리분석을 통해 선순위가등기가 있는 물건을 낙찰받아 매각대금을 납부하고 소유권을 취득했으나 선순위가등기권자의 승소로 가등기에 기한 본등기를 해 매수인이 소유권을 상실하게 되면 어찌할 것인가? 판례에서는 매각대금 납부 전에는 '민사집행법 제96조'를 유추 적용해 청구할 수 있고, 납부 후는 '민법 제578조'에 따라 별도의 소송에 의해 채무자나 채권자를 상대로 구제 방법을 판시하고 있다. (대판 2017. 4. 19자, 2016그172 결정 참조)

Part 08

가처분권리

01 가처분에 대한 권리분석의 핵심

말소기준권리보다 빠른 선순위가처분에 대한 분석

인수주의 원칙

말소기준권리보다 앞선 가처분은 매수인이 인수한다. 낙찰받고 절차에 따라 소유권을 이전하더라도 가처분이 말소되지 않고 그 가처분을 떠안은 채 소유권을 취득하게 되는 것이다. 그러나 경매 절차 밖에서 가처분에 기한 본안소송이 진행되고 있다면 그 판결 여부에 따라 달라질 수 있는 여지는 충분하다. 그러므로 선순위가처분이 있는 물건을 입찰해볼 계획이라면 경매 절차 밖에서 진행되고 있을 수 있는 가처분에 기한 본안소송도 조사해야 한다. 특히, 본안소송의 결정이 났는데도 등기부상이나 경매 절차에 반영이 되지 않은 채 진행되는 경우도 있기 때문에 반드시 살펴볼 필요가 있다.

집행법원의 실무처리

원칙적으로는 선순위가처분이 있는 경우에는 경매 절차를 사실상 중지하고 가처분 또는 본안소송의 결과에 따라 진행하는 것이 일반적이다. 그러나 대부분의 집행법원에서는 빠른 경매 진행을 위해 최선순위가처분 또는 가등기가 있는 경우, 그 부담이 매수인에게 있다는 취지를 매각물건명세서에 기재한 후 매각절차를 진행하고 있다. (대판 2003마1438 참조)

선순위가처분 분석해보기

| 예시 1 |

순위	권리자	권리의 내용
1	甲子	가처분(소유권이전 청구에 의한 가처분)
2	乙丑	임차인(대항요건과 확정일자 있는 임차인)
3	丙寅	근저당
	丁卯	낙찰자 소유권이전
	丙寅	임의경매 신청권자

위 예시 1의 경우 선순위임차인 '乙丑'이 배당요구를 했다면 임차보증금의 부담은 없다. 그러나 '甲子'의 선순위가처분은

낙찰자 '丁卯'가 인수한다. 가처분권자가 경매 절차와 상관없이 본안소송을 진행해서 승소하면 소유권이전 청구를 원인으로 '甲子'가 소유권을 취득하게 되고 '丁卯'는 소유권을 상실하게 된다. 그러나 '甲子'가 패소했거나 가처분소멸 사유에 해당되는 경우에는 소유권을 잃지 않는다.

| 예시 2 |

순위	권리자	권리의 내용
1	甲子	가처분(근저당설정등기청구에 의한 가처분)
2	乙丑	임차인(대항요건과 확정일자 있는 임차인)
3	丙寅	근저당
	丁卯	낙찰자 소유권이전
	丙寅	임의경매 신청권자

위 예시 2의 경우, 1순위 가처분권자가 경매 절차 밖에서 본안소송 진행 결과 승소했다. 이런 경우, 1순위 가처분은 근저당청구를 원인으로 근저당으로 변경되고 말소기준권리가 된다. 따라서 선순위임차인은 대항력을 상실하게 되고 그에 따른 배당순위를 따져보면 1순위 '甲子' 근저당, 2순위 '乙丑' 임차인, 3순위 '丙寅' 근저당 순으로 배당을 받고 권리가 말소된다.

이러한 진행이라며 낙찰자 '丁卯' 입장에서는 아무런 부담이 없이 선순위가처분과 임차인이 있는 물건을 취득하게 되는 경우라 할 수 있는 것이다. 그러나 가처분권자 '甲子'가 패소하거나 소멸 사유에 해당되면 가처분은 부담하지 않아도 되지만, 대항력 있는 선순위임차인 '乙丑'의 보증금은 그 배당요구의 여부에 따라 낙찰자가 부담을 안게 된다.

이렇듯 선순위가처분이 있는 물건은 경매 절차상의 권리분석도 중요하지만, 경매 절차 밖의 본안소송에 의한 판결이 중요한 변수로 작용하기 때문에 선순위가처분이 되어 있는 물건 입찰 시는 반드시 소송 여부나 판결을 살펴야 하고, 나아가 소멸 사유에 해당되는지 여부도 함께 조사한 후 입찰에 참여해야 한다. 물론, 가등기에서와 같이 구제 방법이 있다 해도 법은 멀다. 시간상으로도 그렇고, 구제가 될지 안 될지도 따져봐야 하는 등 어렵다. 선순위가처분 물건에 신중을 기해야 하는 이유다.

말소기준권리보다 늦은 후순위 가처분에 대한 분석

말소기준권리보다 늦은 후순위 권리는 경매 절차의 종료로 말소가 되고 후순위 가처분권리도 예외는 아니다. 그러나 '원인무효에 의한 소유권이전등기 가처분'과 '건물 철거 및 토지 인도 가처분'은 후순위라 하더라도 말소되지 않고 경매 절차 밖의 소송 결과에 따라 예외적으로 매수인이 부담해야 하는 경우가 있어 조심해야 한다.

원인무효에 의한 소유권이전등기 가처분

| 예시 1 |

순위	권리자	권리의 종류	설정일	권리의 내용
1	甲子	소유권		
2	乙丑	소유권이전	4. 15	
3	丙寅	근저당권	4. 15	말소기준권리
4	甲子	가처분	6. 30	乙丑에 대한 소유권이전등기말소 丙寅에 대한 근저당설정등기말소
	丙寅	임의경매	11. 7	

'乙丑'이 인감 등 서류를 위조해 '甲子'의 소유권을 이전등기 후 '丙 寅'에게 근저당을 설정했으나, 돈을 갚지 않자 '丙寅'이 임의경매를 신청했다. 뒤늦게 이러한 사실을 알게 된 '甲子'가 '乙丑'과 '丙寅'을 상대로 가처분 신청을 하고 그에 기한 본안 소송에서 승소했다.

이런 경우, 가처분은 말소기준권리자인 '丙寅'보다 후순위로 경매 절차상으로는 말소 대상 권리지만 '乙丑'의 소유권이전과 '丙寅'의 근저당은 모두 소송에서 패소해 원인무효가 되어 권리를 상실하게 된다. 따라서 무효인 근저당에 기한 임의경매도 무효가 되어 낙찰자가 매각대금을 완납하고 소유권이전등기를 했다 하더라도 소유권을 취득할 수가 없게 된다.

건물 철거 및 토지인도청구 가처분

건물과 토지의 소유자가 다른 경우, 건물소유주는 토지를 가진 소유주에게 임대료를 내야 하는 등의 의무가 있는데, 지료를 연체하는 등 의무를 위반하게 되면 토지소유자는 건물 철거와 토지를 인도하라는 가처분을 함께 신청할 수 있다. 이렇게 가처분이 걸린 건물과 토지의 소유자가 다른 물건이 경매로 나왔을 경우에는 경매 절차상의 권리분석뿐만 아니라 소송 여부도 반드시 확인하고, 아울러 법정지상권 여부도 확인해야 하는 어려운 물건으로 매수인의 인수 부담이 큰 만큼 세심한 조사가 필요하다.

다른 종류의 가처분과 달리 말소기준권리의 소멸과 함께 소멸되는 권리가 아닌 만큼 경매 절차 밖의 본안소송에 의한 판결이 중요한 변수로 작용하기 때문에 선순위가처분은 물론이고 이러한 가처분이 후순위로 되어 있는 물건 역시 입찰에 참여할 때는 반드시 소송 여부나 판결을 살펴야 하고, 그 결과에 따라 입찰에 참여해야 한다.

물론, 소송의 결과에 따른 권리의 상실도 가등기에서와 같이 구제 방법이 있다고 해도 법은 멀다. 시간상으로도 그렇고, 구제가 될지 안 될지도 따져봐야 하는 등 어렵다. 그러므로 후순위가처분 중 건물 철거 및 토지인도청구 가처분이 설정된 물건의 입찰 여부를 판단할 때는 신중하게 조사하고 입찰에 참여해야 한다.

02 가처분이 소멸되는 경우

가처분은 피 가처분권자의 권리행위에 대한 압박수단이자 목적을 달성하기 위한 법적 조치다. 그러나 그 자체로는 효력이 없고 제삼자에 대한 공시적 효력만으로도 피가처분권자의 불이익은 충분하다. 가처분의 효력은 본안소송을 통해 소유권 이전등기말소, 또는 근저당말소청구 등 청구하고자 하는 피보전권리를 실행해야 가처분 본래의 목적을 실현하고 효력을 얻게 되는 것이다. 일단 가처분이 등기부에 기재가 된 것이 확인되면 제삼자나 이해관계인의 입장에서는 목적물에 소송이 제기될 것으로 예상하거나 소가 진행 중이라 예상하고, 선순위 가처분일 경우에는 입찰 대상 물건에서 제외하는 경우가 많다.

그러나 실무에서 잘 들여다볼 필요가 있다. 가처분권자 입장에서는 피 보전권리에 대한 가처분만으로도 일단 충분하다 보고 굳이 소송할 필요 없이 채무자 또는 피 가처분권자와의 협의나 자발적 이행을 바라고 기다리거나 차일피일 미루고 때로는 잊고 있는 경우가 많다. 이러한 가처분권자의 여타 사정에 의해 가처분 발생 후 제소기간이 지나거나, 사정 변경, 소멸시효, 혼동, 또는 가처분에 대한 목적 달성 등의 원인으로 선순위가처분이 소멸되어 권리를 상실하는 경우가 있어 권리분석 시 이러한 부분을 짚어보고 입찰 여부를 확인하면 의외의 성과를 볼 수 있다.

부자 경매의 시작
알기 쉬운 특수 경매

제1판 1쇄 2022년 4월 27일

지은이 김인성
펴낸이 서정희 **펴낸곳** 매경출판㈜
기획제작 ㈜두드림미디어
책임편집 최윤경 **디자인** 디자인 뜰채 apexmino@hanmail.net
마케팅 김익겸, 이진희, 장하라

매경출판㈜
등 록 2003년 4월 24일(No. 2-3759)
주 소 (04557) 서울시 중구 충무로 2(필동 1가) 매일경제 별관 2층 매경출판㈜
홈페이지 www.mkbook.co.kr
전 화 02)333-3577
이메일 dodreamedia@naver.com(원고 투고 및 출판 관련 문의)
인쇄·제본 ㈜M-print 031)8071-0961
ISBN 979-11-6484-380-0 (03320)

책 내용에 관한 궁금증은 표지 앞날개에 있는 저자의 이메일이나
저자의 각종 SNS 연락처로 문의해주시길 바랍니다.

부동산 도서 목록

서울시 공정경제과 황박사가 알려주는
NEW
상가임대차
분쟁 솔루션

신방수 세무사의
주택임대사업자
등록말소주택
절세 가이드북

부동산 성공 투자의 시작
알기 쉬운
경매 실무
발품 팔면
성공이
보인다

RESTART
부동산 투자
아무도 말해주지 않는 불변의 성공비법

극한직업
건
물
주

꼬마빌딩 건축

신방수 세무사의
확 바뀐
상가
빌딩
절세 가이드북

우대빵과 함께하는
성공 부동산
중개사무소
창업

지식산업센터
투자의
정석

닥치고 현장!
소액자본으로
부동산
부자되기

신방수 세무사의
부동산 증여에
관한 모든 것

부자 경매의 시작
알기 쉬운
기초 경매
볼 줄 알고
읽을 줄만 알면
경매는 한다

신방수 세무사의
2022
확 바뀐
부동산 세금
완전 분석

라헬과 함께 공부하는
셀프 경매
바이블

실전 사례로 풀어보는
상가 셀프
경매의 정석
상가 경매로 노후 대책 마련하기

닥치고 현장!
부동산에
미치다
부동산 투자의 답은 현장에 있다!

부동산 도서 목록

돈이 없어도 투자가 가능한 빌라 투자의 NEW 패러다임
쉽게 따라 하고 빠르게 도전하는
빌라 투자 방정식

DEVELOPER
부동산 투자의 제4물결
디벨로퍼 경매

부동산 슈퍼리치만 아는
투자 비밀
SUPER RICH

월세 보증금으로 부동산 산다
반값 생활 경매 솔루션
부동산 시장이 급변해도 불변하는 부동산 경매의 장점!

개정판
신방수 세무사의
1인 부동산 법인 하려면 제대로 운영하라!

대박나는 부동산 중개
핵심 공인중개사 실무 교육

실전사례로 알려주는
부동산 경매·공매 특수물건 투자 비법

거지였던 나는 상가 투자로 32억 건물주가 되었다

투자 공의 설계도가 되어줄
공매 투자, 지금이 기회다

직장인도 따라 할 수 있는
별장펜션 창업

부동산 투자, 제대로 하려면 땅부터 하라
한권으로 끝내는 토지 투자 성공공식

임장의 여왕이 알려주는 부동산 투자 전략

'발칙한 발상'이 부동산 성공 투자를 부른다
토지, 상가의 성공 투자법

당신의 경제 탈출구가 되어줄
이기는 부동산 경매의 비밀
절대 손해 보지 않는 시크릿 투자법 공개

미니 재개발·재건축의 모든 것

종부세
핵폭탄 대비하는 완벽 솔루션

부동산 도서 목록

신방수 세무사의
이제 부동산 세금을 알아야
주택 보유&
처분 할 수 있는 시대다

투자 전, 꼭 알아야 하는
상가임대차법

Real Estate Auction
부동산 경매,
초보에서
탈출하라

초규제 시대,
부동산 투자의 정석

신방수 세무사의
2021
확 바뀐
부동산
세금
완전 분석

돈이 되는 부동산
VS
돌이 되는 부동산

신방수 세무사의
양도
소득세
완전
분석

사례로 풀어보는
지분경매
지분경매 해법 TWO 기둥
= 소송+협상

신방수 세무사의
부동산 거래 전에
자금출처부터
준비하라!

부동산 관리도
경영의 시대

부동산 관리와
종합서비스

신방수 세무사의
상속분쟁 예방과
상속
증여
절세 비법

김 과장도 돈 버는
셰어하우스
SHARE
HOUSE

내 생애 짜릿한
대박 상가
투자법

신방수 세무사의
주택임대사업자
등록과
절세 비법

나는 장애를 딛고
부동산 경매로
성공했다

불황에도 매출 10배 올리는
상위 1% 공인중개사의 마케팅 비법

GTX 시대, 부동산 투자 비법은 따로 있다!
아파트는 살고 땅은 사라
토지 투자의 블루오션 진짜가 왔다!
도선국사의 "대한민국 1%만 아는 실전 토지 투자 종합 바이블 탄생"

부동산 투자를 시작하기 전에 꼭 읽어봐야 할 실전 기술
부동산 상식을 돈으로 바꾸는 방법

해외 부동산 투자, 나는 말레이시아로 간다
MALAYSIA
투자자에게 알려주고 싶은 부동산 블루오션

당신도 건물주가 될 수 있다!
원룸 마스터
원룸으로 공무원의 삶을 누리자!

부동산 투자자, 계약자가 꼭 알아야 하는
부동산 실무 法 용어사전 1,000
부동산 거래의 핵심 단어 1,000개!

부자로 환승하라 머니트레인
부동산 투자, 이제는 지하철이 핵심이다!

부동산 투자 인사이트

그는 어떻게 부동산 1인 창업으로 10억을 벌었을까?
부동산 투자의 숨겨진 진실!

절세의 모든 기술 부동산 법인에 있다!
부동산 법인 A to Z

돈 버는 주택임대 관리기법

10%대 수익률을 위한 최고의 부동산 재테크
P2P 투자의 정석

부동산으로 이룬 자유의 꿈
잘 키운 아파트, 직장 퇴사 안 부럽다!

아파트 경매, 지역 분석이 먼저다!

매매 사례를 중심으로 살펴보는
대박 친 빌딩 투자의 비밀

부자가 되기 위한 부동산 요리법
정준환의 부동산 레시피
요리를 하는 것처럼 부동산에 익숙해져라!

초보를 위한 취업과 창업 완벽 가이드
잘나가는 공인중개사의 비밀노트
한 권으로 정리한 단기 속성 실무전략

新
명품 토지 중개 실무
다양한 사례의 함께 살펴보는 실무 노하우

실패 없는 부동산 패러다임
돈 길 따라가는 부동산 투자

부동산 세무 가이드북
Real estate Tax Guide Book
실전편
2019

지식산업센터 투자 실전 편
부동산 투자,
아파트형
공장이
틈새다

개념부터 쉽게 배우는 부동산 필수 상식
돈 되는 부동산은
따로 있다
300채 팔아본 베테랑 저자가 전하는
부동산 투자 비법

2달 만에 월세 200만 원 받는
월세 부자
레시피
이제 당신도 부자가 될 수 있다!

직장인들도
쉽게 따라할 수 있는
新
부동산 공매
가이드북
실전편

양도·증여·상속의 모든 것
기막힌
부동산
절세의
비밀
생활 속의 세금 상식을 담은
절세 필독서

경공매·NPL 투자자와 자산가도 꼭 알아야 하는
부동산
매매·임대사업자
세무
Real estate
Business
Tax
Guide Book
가이드북
실전편

나는
부동산 투자로
파산자에서
100억 부자가
되었다

경쟁하기 싫은 경매 투자자들의 신세계
지분경매,
공유지분,
독점경매
남들과 경쟁하기 싫고,
혼자 전부 독식하고 싶다!

대한민국 1%만 알고 투자하는
신의 재테크
GPL 투자의
기적
은행 금리보다 10배 이상
고수익 가능한 재테크의 발견

입찰에서 취득까지, 배당에서 명도까지
부동산 경매의 모든 것
이것이 진짜
성공 경매다

부동산 전문 아나운서의 재테크 실천법
결혼은 선택이지만
부동산
투자는
필수다

부자 되는
주택
임대사업
이제 대세는 수익형 부동산이다
평생 돈 걱정 없이 사는 월세 부자 되기

돈 버는
공인중개사는
따로 있다

부동산 정책 분석
시장을 이기는
정책은 없다
부동산 정책을 알면 시장이 보인다!

수익형 부동산 건축과 재테크 투자 비법
헌집 살래
새집 살래
건축을 알면
알짜 부동산이 한눈에 보인다!

전세가를 알면
부동산 투자
가 보인다

서울시 공정경제과
주무관이 알려주는
부동산
거래와
판례

스타들의
부동산
재테크
스타들의 사생활보다 더 궁금한
그들만의 부동산 투자
스타가 좋아하는
부동산은 따로 있다?

지분 경매로
토지 개발업자 되기

부동산 재테크
역세권이
답이다

세무사 3인이 알려주는
세무조사 대비의 모든 것
84가지 핵심 노하우

향후 5년 부동산 정책 핵심 공략
문재인 시대 부동산 트렌드

주택 연출가 무조건 따라하기

커피 한 잔 값으로 초대형 오피스 주인 되기
리츠 얼리어답터

신의 한 수
금맥 경매
토지 경매로 금맥을 캐다!

주택 아파트 세무 가이드북
실전편

권리분석 완전정복으로
10년 안에 10억 벌기

대한민국을 움직이는 땅 투자 법칙 100

땅투자
10단계 절대불변의 법칙

흔한 직장인의 흔하지 않은 투잡 경매 성공기
돈의 보감
평범한 샐러리맨, 투잡 경매로 5년에 10억 벌다
경매로 재테크하고 NPL로 두 번째 월급 받다

나는 갭 투자로 300채 집주인이 되었다
아파트 300채 부자 박정수가 공개하는 화제의 투자법 대공개!

토지 세무 가이드북
Land Tax Guide Book
실전편

新 상가 투자 보물찾기

상가 세무 가이드북
Shopping center Tax Guide Book
실전편

NPL 가격 산정의 비밀
정확한 NPL 가격 산출 시스템 특허출원!

응답하라!! 위기의 부동산

나는 토지 경매로 금맥을 캔다
시크릿 투자경매

NPL과 경매, 토지보상이 하나로
토지보상경매 실전활용

세무조사 실무 가이드북
Tax investigation Practical affairs Guide Book
실전편

야생화의 기초 경매

자산을
블링블링 키우는
포인트 경매
포인트만 알면 경매가 쉽다

국토도시계획을 알아야
부동산 투자가 보인다

부동산의 숨어 있는 가치를 발견하라
불패의
부동산
36계 전략

GLOBAL
REAL ESTATE
INVESTMENT & DEVELOPMENT BIBLE
해외 부동산
투자&개발 바이블

만화로 풀어 쓴 경매 관련 판례 해설서!
부동산 경매
대법원 판례집
1963~2014년 핵심 판례 모음

부동산 경매 전문 변호사가 큰 맘 먹고 알려주는
유치권
깨트리는 法
지키는 法
부동산 경매의 성공을 향한 마지막 관문 - '유치권'
제대로 아는 것이 힘이다!

新
부동산
경매
바이블
경매는 부동산 실무의 '완결판'이다!

울보멘토
야생화의
경매이야기

경매, 공매, NPL을 한권에 해결하는
Perfect
퍼펙트
경매
'단 한권으로 총 정리' 끝~

부실채권의 기본부터 수익률 분석까지
NPL
투자분석과
계약실무
실전편
Non Performing Loan
실무 사례를 통한 실전투자분석서!

NPL
랭킹업
투자비법
'NPL매각 실무' 전격 공개!

REAL ESTATE
RICHES
투자와 재테크는 부동산이 진리다!
부동산 부자들
큰 돈 들이지 않고도 부동산으로 성공하는
가장 확실한 방법 특별 공개!!

전업투자자와 공인중개사를 위한
손품 팔아
부동산
보물찾기
블로그 마케팅편
"누구나 쉽게 배우는 부동산 블로그 마케팅의
핵심 노하우를 담은 책!"

부실채권의 기본원리부터 실전투자까지
NPL의
定石
Non Performing Loan
부실채권 실전투자를 위한 기본원리서!

지지 않는
권리분석 VS
이기는
명도

20대에 부동산 성공신화를 일군 100% 리얼 스토리
이것이 진짜
토지
투자다

기관투자자만 아는
부동산 투자 운영
매뉴얼

경매
땡땡땡!
학교종이
어서
모여라!

부동산
등기
완전정복

DM
dodreamedia
두드림미디어